歩いて楽しむ

奈良・大和路

JN023490

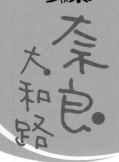

CONTENTS

今なお心に響く古都の至宝
奈良の美仏めぐり

奈良の美仏めぐり

今なお心に響く古都の至宝

奈良・大和路には数多くの国宝や重要文化財の仏像が伝わり、
時代を超え、今も人々を見守り続けている。
心静かに美仏を拝観して、仏教世界の一端に触れてみよう。
「仏像鑑賞のキホン」→ **P160**

Point

女性を思わせる慈愛の表情
伏し目気味の目やふっくらとした頬など、
面立ちは女性的な優しさと
慈愛を感じさせる。
肉感的で引き締まった体躯も特徴

女人高野を象徴する
慈愛に満ちた優しい面立ち

室生寺 →コース20
十一面観音菩薩立像
国宝

女人高野とも称される奈良時代末創建の同寺には、多くの寺宝が伝わる。寳物殿で拝観できる十一面観音菩薩立像は、カヤの一本作で造像されたもの。精緻な装飾が施された衣や、平安時代前期の様式を伝える「八重蓮華座」の台座も美しい。

[仏像データ]	
安置場所	寳物殿
拝観時期	通常拝観可能
制作時期	平安時代
素材	木造
像高	196.2cm

中宮寺 →コース12
菩薩半跏像
国宝

本堂に安置されている本尊で、飛鳥時代作の仏像の最高傑作の一つ。足を組んで台座に腰掛け、右手の指先をそっと頬に寄せて、人の悩みをいかにせんかと思惟をめぐらす半跏思惟形式の像で、その姿は清らかな気品をたたえている。

救いの思索にふける飛鳥のほほ笑み

Point

飛鳥仏らしい永遠の微笑
表情は古代ギリシャ彫刻などでも
見られるアルカイックスマイル。
「世界の三つの微笑像」の一つに
数えられている

【仏像データ】	
安置場所	本堂
拝観時期	通常拝観可能
制作時期	飛鳥時代
素材	木造
像高	87.9cm（坐高）

人々を魅了する完璧なプロポーション

Point

美少年を思わせる三面六臂
少年のような3つの顔で
戦神・阿修羅が仏教に帰依し、
悟りを開いていく様子を表現。
ほっそりとした体軀から
6本の腕が伸びる

【仏像データ】	
安置場所	国宝館
拝観時期	通常拝観可能
制作時期	奈良時代
素材	脱活乾漆造
像高	153.4cm

興福寺 →コース1
阿修羅立像
国宝

阿修羅は仏教の守護神・八部衆のひとり。同寺の国宝館に安置されている阿修羅立像は奈良時代に造られたもので、天平彫刻の傑作と称される。絶妙なバランスで造られた、若々しい肉体に3つの顔と6本の腕を持つ姿が見る者を魅了する。

新薬師寺 →コース4
十二神将立像

国宝 ※波夷羅像は昭和時代の補作で国宝指定外

本堂中央に安置されている本尊・薬師如来と信仰する人々を守るため、現存日本最古にして最大の十二神将が、土壇の上で円陣に取り巻く様子は圧巻。それぞれの像が十二の方角を守っていることから、干支の守護神としての信仰も篤い。

[仏像データ]	
安置場所	本堂
拝観時期	通常拝観可能
制作時期	奈良時代
素材	塑造
像高	152.6 〜 166.3cm

リアルな十二の大将が憤怒の表情で薬師如来を守護

Point
怒りの表情で仏敵を威嚇
ほぼ等身大の写実的な立像は、
それぞれが特徴的な動きと
憤怒の表情を見せる。
手にする武具や持物にも
注目したい

浄瑠璃寺 →コース11
九体阿弥陀如来坐像

国宝

平安時代に皇族や貴族の要請によって、9体の阿弥陀如来像を擁する寺院が多く建てられたが、当時のまま現存するのは同寺のみ。2023年に仏像すべての修理が完了し、九体阿弥陀堂では9つすべての仏像が横一列に揃った状態で拝観できる。

[仏像データ]	
安置場所	本堂(九体阿弥陀堂)
拝観時期	通常拝観可能
制作時期	平安時代
素材	木造
像高	138.8cm〜224.2cm

貴族たちが希求した極楽浄土を今に伝える

Point
大らかな表情で人々を見守る
ひと際大きな中尊の左右に各4体が並ぶ。
丸い顔立ちや優しげな目など、
極楽往生を願う人々を
安心させる穏やかな作風

Point

大陸の影響を大きく受けて造像
面長の顔やアルカイックスマイル、
杏仁形（アーモンド形）の目など、
中国南北朝時代の仏像の形に
ならったものだという

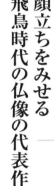

エキゾチックな
顔立ちをみせる
飛鳥時代の仏像の代表作

法隆寺 →コース12
釈迦三尊像
国宝

日本仏教草創期の約1400年前に、聖徳太子の冥福を祈って造られた法隆寺の本尊。作者は飛鳥寺（→P120）の釈迦如来坐像も手がけたと伝わる鞍作止利。左右対称で表した衣文のひだなど、飛鳥彫刻の特徴を示す代表作として知られている。

【仏像データ】

安置場所	金堂
拝観時期	通常拝観可能
制作時期	飛鳥時代
素材	銅造鍍金
像高	中尊 87.5cm
	右脇侍 93.9cm
	左脇侍 92.3cm

【仏像データ】

安置場所	本堂(蔵王堂)
拝観時期	毎年春と秋に国宝仁王門修理歓進のため特別開帳
制作時期	安土桃山時代
素材	木造
像高	中尊 728cm
	右尊 615cm
	左尊 592cm

金峯山寺 →コース27
金剛蔵王権現立像
重要文化財

同寺は役小角を開祖とする修験道の根本道場で、蔵王堂には中尊約7m、左右の尊像約6mの本尊・金剛蔵王権現立像を安置。憤怒の形相で悪魔を鎮めんとする姿は迫力がある。秘仏だが、国宝仁王門修理勧進のため、毎年一定期間特別開帳される。

Point

慈悲と寛容を表す肌の色
3つの像の肌を覆う神秘的な
色彩は青黒（しょうごく）色といい、
蔵王権現の慈悲の心が
表れたものといわれている

憤怒の形相と慈愛を
あわせ持つ
日本最大の秘仏御本尊

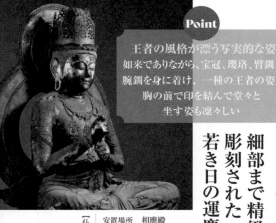

Point

王者の風格が漂う写実的な姿
如来でありながら、宝冠、瓔珞、臂釧、
腕釧を身に着け、一種の王者の姿。
胸の前で印を結んで堂々と
坐す姿も凜々しい

細部まで精緻に
彫刻された
若き日の運慶の傑作

【仏像データ】		
安置場所	相應殿	
拝観時期	通常拝観可能	
制作時期	平安時代	
素材	木造	
像高	98.8cm	

円成寺 →コース10
大日如来坐像　国宝

台座内の墨書から、日本で最も
知られる仏師・運慶が20歳代で
造像したとされる。後に写実的
な仏像表現で時代を牽引する運
慶の最初期のもので、若々しく
張りのある面相や生気に満ちた
体躯が、傑出した才能と新時代
の到来を告げている。

一〇〇〇本に迫る手で衆生を救う
「真数千手」の代表作

Point

大小の腕をバランスよく配置
円形を成す大小の腕は不自然さを
感じさせない優れたバランス感覚
で造られており、大脇手には人々
を救うさまざまな仏具を握る

【仏像データ】		
安置場所	金堂	
拝観時期	通常拝観可能	
制作時期	奈良時代	
素材	木心乾漆造	
像高	535.7cm	

唐招提寺 →コース7
千手観音立像　国宝

本尊・盧舎那仏坐像の向かって
左側に安置。多くは42本の腕で表
現されることの多い千手観音だが、
実際に1000本が造られ、大脇手42
本、小脇手911本の953本の腕が
現存。国内でも数少ない真数千手
の仏像の一つとされている。

Point

肉感あふれる力強い容姿
口を開けている像を阿形、
閉じている像を吽形といい、
慶派らしいたくましく写実的な姿と
迫力ある表情が印象的

【仏像データ】		
安置場所	南大門	
拝観時期	通常拝観可能	
制作時期	鎌倉時代	
素材	木造	
像高	阿形像 836.6cm　吽形像 842.3cm	

仁王立ちで門を守る
慶派渾身の巨大像

東大寺 →コース1
金剛力士立像　国宝

正門にあたる南大門で、文字通り
仁王立ちする阿形像・吽形像のふ
たつの巨像は"東大寺の仁王さん"
の名で親しまれている。平安時代
末期の戦乱後の再建にあたり、運慶
や快慶ら慶派の仏師によって、わ
ずか69日間で造像されたと伝わる。

當麻寺 →コース25

弥勒仏坐像

国宝

白鳳彫刻の特徴を伝える日本最古級の塑像

〔仏像データ〕	
安置場所	金堂
拝観時期	通常拝観可能
制作時期	飛鳥時代
素材	塑造
像高	219.7cm

中将姫が織り上げた當麻曼荼羅の信仰で知られる同寺の、創建時の本尊が金堂に安置されている弥勒仏坐像。粘土などで造られた塑像として日本最古とされる。金堂の須弥檀四隅で本尊を守護する異国風の四天王像もぜひ拝観を。

Point

極めて珍しい塑造の如来形坐像

表面に布を貼り、漆をほどこして金箔を推した珍しい如来形の坐像。胎内には孔雀明王の金銅小像が籠められていると伝わる

海龍王寺 →コース6

十一面観音菩薩立像

重要文化財

神々しさあふれる黄金の美貌が美しい観音像

寺を創建した光明皇后が自ら刻まれた像をもとに、鎌倉時代の慶派の仏師たちが造ったという。保存状態がよく、彩色や装身具など細かい部分まで現存。流れるような体のラインや黄金色に輝く肌など、その容姿も瑞々しく美しい。

〔仏像データ〕	
安置場所	本堂
拝観時期	通常は戸張（幕）越しに拝観。春と秋に特別開帳あり
制作時期	鎌倉時代
素材	木造
像高	94cm

Point

精緻を極めた細工も必見

金箔を線状に切って貼り付ける截金（きりかね）の技法を用いた衣の衣装や、透かし彫りが美しい銅製装身具もみどころ

もっと知りたい！

奈良の仏像の魅力

趣のある茅葺きのギャラリー。写真や写真集なども販売

数多の寺宝が伝わる奈良県を中心に、大正11年（1922）の創業から100年以上にわたって仏像などの文化財を撮影し続けている飛鳥園。奈良公園そばにある「飛鳥園仏像写真ギャラリー」では、同社所有の写真コレクションを展示。散策の途中に立ち寄って、さまざまな仏像写真を鑑賞するのもおすすめだ。

敷地の路地庭園内に、大寺院の古材を柱や梁に使った茅葺きのギャラリーと東屋風展示施設を配置。約40点の写真コレクションを無料で展示している。

☎0742-22-5883 倒奈良市登大路町59 営10:00〜18:00（冬季は11:00〜16:00）休月曜（祝日の場合は営業） MAP P21D3

本書の使い方 📖

【コースの見方】

●コースのデータ

コースの歩行時間、距離、おすすめの季節を紹介しています。歩行時間は50mを1分として計算しています（水平面の距離で計算しているため、傾斜によっては実際の所要時間と異なる場合があります）。また、途中立ち寄るスポットの所要時間は含まれておりません。なお、一部3時間を超えるコースもあります。

●コースの概要

「本文」では紹介しているコースのみどころや歩き方を、「おさんぽアドバイス」ではコースを歩く上での注意点やお得な情報を、紹介しています。

●みどころダイジェスト

紹介するコースのダイジェストが見られます。また、各観光スポットにかかる所要時間の目安も紹介しています。

●スタート＆ゴール

紹介するコースのスタート地点とゴール地点のバス停または鉄道駅を記載しています。また、スタート地点までのアクセス、ゴール地点からの帰り方も紹介しています。

●高低図

スタート地点からゴール地点までの道の上り下りを示しています。それぞれの地点は本文の番号と対応しています。

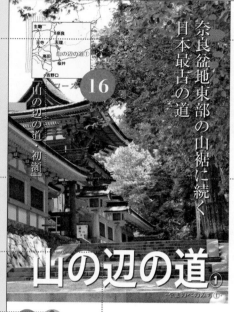

コース 16

山の辺の道・初瀬①

山の辺の道①
〜やまのべのみち①〜

奈良盆地東部の山裾に続く日本最古の道

● 歩く時間 >>>
約**2時間14分**

● 歩く距離 >>>
約**7.2km**

● おすすめ季節 >>>
春🌸 (4～5月)

奈良盆地の東の山裾に続く山の辺の道は、『古事記』『日本書紀』にも登場し、日本最古の道といわれる。本来は桜井と奈良を結んでいたが、現在は天理～桜井がハイキングコースとして人気。ここでは天理から3コースにわけて桜井を目指す。古社寺や大古墳、万葉歌碑など、道沿いにはみどころが多数点在している。

（おさんぽアドバイス）
内山永久寺跡からCafe わわくは上りの山道。その他はほとんど舗装路で歩きやすく、岐路は道標が整備されている。

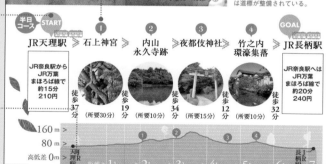

半日コース **START**
JR天理駅

JR奈良駅から
JR万葉
まほろば線で
約15分
210円

徒歩37分

❶ **石上神宮**

❷ **内山永久寺跡**
（所要30分）
徒歩19分

❸ **夜都伎神社**
（所要10分）
徒歩34分

❹ **竹之内環濠集落**
（所要15分）
徒歩12分

（所要10分）
徒歩32分

GOAL
JR長柄駅

JR奈良駅へは
JR万葉
まほろば線で
約20分
240円

160m >
80m >
高低差 0m >

JR天理駅

距離 >1km >2km >3km >4km >5km >6km >7km

JR長柄駅

90

【データの見方】

観光スポット

❶ 薬師寺
やくしじ

壮麗な白鳳伽藍に目を奪われる

7世紀後半、天武天皇が皇后（後の持統天皇）の病気回復を祈り、建立を発願。飛鳥に創建され、平城遷都に伴い、現在地に移った。創建時の建物は、2021年に全面解体修理が完了し、美しくよみがえった国宝の東塔が現存。昭和から平成にかけて金堂や西塔、大講堂などが白鳳様式で次々に復興された。国宝である本尊の薬師三尊像をはじめ数々の名品を多数所蔵する。

☎0742-33-6001
⊕奈良市西ノ京町457
⊛9:00～17:00（受付～16:30）
⊗無休
¥1000円
MAP P53B4

➡

☎**0742-33-6001**
⊕**奈良市西ノ京町457**
⊛**9:00～17:00**
（受付～16:30）
⊗**無休**
¥**1000円**
MAP **P53B4**

● スポット名
● 電話番号
● 所在地
● 開館（拝観）時間
● 閉館（閉門）日
● 入場（入館）料
● 地図掲載位置

【地図の見方】

●スタート地点
鉄道駅またはバス停からのスタートとなっています。スタート地点までのアクセスもしくは鉄道路線は、各コースの1ページ目に記載しています。

●進行方向
各コースの進行方向を矢印（→）で示しています。

●スタート地点からの距離
スタート地点からの距離を1kmごとに記載しています。

●紹介スポット
各コースで紹介するスポットには番号が入っています。それぞれの番号は、本文の番号と対応しています。

●立ち寄りスポット
散策の途中に立ち寄りできるスポットを紹介しています。

●ワンポイント
コース内で紹介できないみどころや商店街、特徴的な通りなどを紹介しています。

●ゴール地点
鉄道駅またはバス停をゴールとしています。ゴール地点から近鉄奈良駅までの帰り方のアクセスもしくは鉄道路線は、各コースの1ページ目に記載しています。

立ち寄りスポット

●店名
●カテゴリー　☕…カフェ　🍴…食事処　🛍…おみやげ
●電話番号
●所在地
●営業時間（LOはラストオーダーの時間）
●定休日
●地図掲載位置

仏蘭西料理 ラ・テラス

☎0742-27-0556
🏠奈良市春日野町98-1
🕐12:00～13:00LO、18:00～19:00LO
休火・水曜
MAP P31D1

奈良 INDEX MAP

①奈良北部

奈良 INDEX MAP

②奈良南部

伊那佐山 637▲

三郎岳 ▲879

住塚山 ▲1009

古光山 952▲

御杖村

音羽山 851▲

熊ヶ岳 ▲904

宇陀市

曽爾村

伊勢本街道

京都府

P12-13

生駒　大和西大寺
　　　奈良
郡山
天理
三輪　室生口大野
長谷寺

奈良県

三重県

竜門岳 ▲904

吉野町

東吉野村

飛鳥

吉野口

吉野

五条

和歌山県

奈良県

三重県

青田川

28 奥千本 P146

奥千本口

青根ヶ峰 858▲

白屋岳 ▲1177

薊岳 ▲1406

台高山脈

夫婦滝

五段ノ滝

仙人滝

松阪市

四寸岩山 ▲1236

柏原山 ▲943

黒滝川

大天井ヶ岳 ▲1439

勝負塚山 ▲1246

川上村

白鬚岳 ▲1378

池木屋山 ▲1396

江股ノ頭 ▲1270

高滝

三重県

国見山 ▲1283

鎌滝

大和岳

大台町

山上ヶ岳（大峯山）▲1719

観音峯山 ▲1348

稲村ヶ岳 ▲1726

竜ヶ岳

大迫貯水池

明神滝

台高山脈

伯母ヶ峰 ▲1262

大普賢岳 ▲1780

1119▲ トサカ尾山

行者還林道

行者還岳 1547▲

大 峰 山 脈

1344▲ 和佐又山

頂仙岳 ▲1718

弥山 1895▲

八剣山（仏経ヶ岳）1915

明星ヶ岳 ▲1918

上北山村

30 大台ヶ原ハイキング P154

辻堂山 1309▲

経ヶ峰

大台ヶ原ドライブウェイ

大台ヶ原山

西ノ川

三津河落山

日出ヶ岳 ▲1695

大台ヶ原

小処温泉

不動滝

巴滝

三滝

日光滝

八郎滝

紀北町

N

0　　　3km

1:200,000

奈良 花カレンダー

梅や桜、アジサイに萩など、奈良には花の名所が数多くある。
秋には紅葉の名所も。季節に応じて、これらのスポットにもぜひ立ち寄ろう。

1月	2月	3月	4月	5月	6月	7月	8月	9月	10月	11月	12月

寒ボタン
～1月下旬)

ボタン(4月中旬～下旬)
●長谷寺→P104 ●當麻寺→P134
●石光寺→P135 ●金剛寺→P151

寒ボタン
(12月上旬～
●長谷寺→P104 ●石光寺→P135

約7000株の大輪
のボタンが咲き誇る
長谷寺

梅(2月上旬～3月上旬)●奈良公園→P18 ●菅原天満宮→P59

椿(2月下旬～4月上旬)
●東大寺(開山堂)→P25
●白毫寺→P37

菜の花(3月中旬～4月上旬)●飛鳥→P110

桜(3月下旬～5月上旬)
●奈良公園→P18 ●平城宮跡→P48
●史跡郡山城跡→P85 ●長谷寺→P104 ●吉野山→P140
●談山神社MAPP173F4

霜よけに藁をかぶせた
石光寺の寒ボタン

シャクナゲ(4月下旬～5月上旬)
●室生寺→P106 ●岡寺→P119

ツツジ(4月中旬～5月中旬)
●長岳寺→P96
●葛城山→P136

藤(4月中旬～5月初旬)
●奈良公園→P18 ●興福寺→P22 ●春日大社→P29

カキツバタ(5月上旬～下旬)
●法華寺→P51 ●唐招提寺→P55 ●長岳寺→P96

アジサイ(6月上旬～7月上旬)
●岩船寺→P70 ●長谷寺→P104 ●久米寺→P124

長谷寺の
「あじさい回廊」

ハス(6月下旬～7月下旬)
●薬師寺→P54 ●唐招提寺→P55 ●喜光寺→P58

コスモス(9月中旬～10月下旬)
●柳生の里→P60 ●藤原宮跡→P131
●法起寺周辺→P77

●白毫寺→P37 ●元興寺→P40 萩(9月中旬～10月上旬)

●奈良公園→P18 ●県立竜田公園→P79 ●長谷寺→P104
●吉野山→P140 ●談山神社MAPP173F4 紅葉(11月中旬～12月上旬)

※開花時期は目安。その年、各寺社やみどころによって前後します

［奈良］

奈良・西ノ京

世界遺産が集まる奈良観光のメインエリア。
奈良公園では多くの鹿に出迎えられる。

コース **1**

［奈良・西ノ京］

奈良公園

・ならこうえん・

● 歩く時間 >>> 約**1時間10分**　　● 歩く距離 >>> 約**4.5km**

 半日コース　START

近鉄奈良駅 >>

①
興福寺
（中金堂）

徒歩9分

（所要20分）

>>

②
興福寺
（東金堂）

徒歩すぐ

（所要15分）

>>

③
興福寺
（国宝館）

徒歩すぐ

（所要40分）

徒歩10分 >>

近鉄奈良線

200m >
100m >
高低差 0m >

近鉄奈良駅

① ② ③　　　**④**　　　**⑤**

距離**1km** >　　　　　　　**2km** >

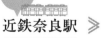

18

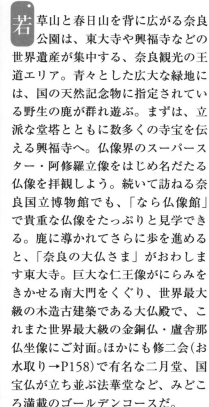

鹿と緑と大仏殿 奈良の醍醐味を味わう

公園のあちこちで見かける鹿が旅情をかきたててくれる

若草山と春日山を背に広がる奈良公園は、東大寺や興福寺などの世界遺産が集中する、奈良観光の王道エリア。青々とした広大な緑地には、国の天然記念物に指定されている野生の鹿が群れ遊ぶ。まずは、立派な堂塔とともに数多くの寺宝を伝える興福寺へ。仏像界のスーパースター・阿修羅立像をはじめ名だたる仏像を拝観しよう。続いて訪ねる奈良国立博物館でも、「なら仏像館」で貴重な仏像をたっぷりと見学できる。鹿に導かれてさらに歩を進めると、「奈良の大仏さま」がおわします東大寺。巨大な仁王像がにらみをきかせる南大門をくぐり、世界最大級の木造古建築である大仏殿で、これまた世界最大級の金銅仏・盧舎那仏坐像にご対面。ほかにも修二会（お水取り→P158）で有名な二月堂、国宝仏が立ち並ぶ法華堂など、みどころ満載のゴールデンコースだ。

おさんぽアドバイス

奈良観光の玄関口・近鉄奈良駅から寺の境内や公園内の道を歩く。大仏殿〜二月堂以外は高低差も少ないので比較的歩きやすい。東大寺法華堂の拝観後に、「春日大社周辺」（→P28）まで足を延ばしてもいい。

◉おすすめ季節 >>> 春🌸初夏🌿（4〜6月）

❹ 奈良国立博物館		❺ 東大寺（南大門）		❻ 東大寺（大仏殿）		❼ 東大寺（二月堂）		GOAL バス停東大寺大仏殿・国立博物館
	徒歩11分		徒歩5分		徒歩13分		徒歩19分	近鉄奈良駅へは奈良交通バス市内循環・内回りなどで4分250円
（所要60分）		（所要10分）		（所要30分）		（所要15分）		

❻ ❼

>3km   >4km

バス停 東大寺大仏殿・国立博物館

奈良公園

広域図は P167へ
1:6,500
N
0 — 50m

A ・ B ・ C

多門町 ・ 若草橋 ・ 手貝町 ・ 手貝町
若草公民館 ・ 鼓阪小

法蓮町 ・ 奈良法蓮局 ・ 西包永町 ・ 東包永町 ・ 転害門前

普光院 ・ 東笹鉾町 ・ 天平倶楽部 ・ 奈良市

奈良県立美術館
（ならけんりつびじゅつかん）

昭和48年(1973)開館。鎌倉時代から現代までの絵画、工芸、彫刻、書跡、風俗資料などを所蔵、公開している。

北袋町 ・ 浄国院 ・ 今小路局 ・ 芝辻町 ・ 中御門町 ・ 今小路町

講堂 ・ 念聲寺 ・ 焼門前 ・ 祇園 八坂神社 ・ 千手堂 ・ 戒壇堂 P25

北魚屋西町 ・ 押小路町 ・ 川久保町 ・ タマル

大学会館 ・ 奈良女子大 ・ 半田横町 ・ 北半田西町 ・ 北半田中町 ・ 北半田東町 ・ ニューわかさ ・ 押上町

奈良県庁
（ならけんちょう）

奈良県庁の屋上広場は奈良市内を360度見渡せる隠れたビュースポット。入口でせんとくんが出迎えてくれる。

理学部 ・ 南半田西町 ・ 初宮神社 ・ 南半田中町 ・ 南半田東町 ・ 天極堂 奈良本店 P27

坊屋敷町 ・ 大豆山町 ・ 崇徳寺 ・ 鍋屋町 ・ 産経新聞社奈良支局 ・ 油留木町 ・ 押上町 ・ 水門町

奈良文化会館 ・ 奈良税務署

登大路一番町北通 ・ 県警本部 ・ 登大路町

中筋町 ・ 東向北町 ・ 奈良地方裁判所 ・ 知事公舎

スタート ・ 近鉄奈良駅 ・ 関西みらい ・ 商工会議所 ・ 奈良県商工観光館 ・ 県庁西 ・ 奈良公園バスターミナル（観光バス専用）

近鉄奈良駅 ・ 登大路 ・ 県庁前 ・ 県庁東

西御門町 ・ 東向 ・ 春日 ・ ①中金堂 ・ 登大路町 ・ 春日西塔跡

三菱UFJ ・ な・ら・ら ・ パケット ・ 北円堂 P23 ・ ③国宝館 ・ ここまで 1km

小西町 ・ 東向中町 ・ 興福寺本坊

④ドラッグセイムス ・ 興福寺 ・ ②東金堂 ・ 柳茶屋 P23

角振町 ・ 興善院 ・ 南円堂 P23 ・ 一の鳥居前

三井住友 ・ 南都 ・ 五重塔 P22

池田含香堂 P27 ・ 橋本町 ・ 樽井町 ・ 猿沢池 P31 ・ 大仏館

角振新屋町 ・ 元林院町 ・ セトレならまち ・ 四季亭

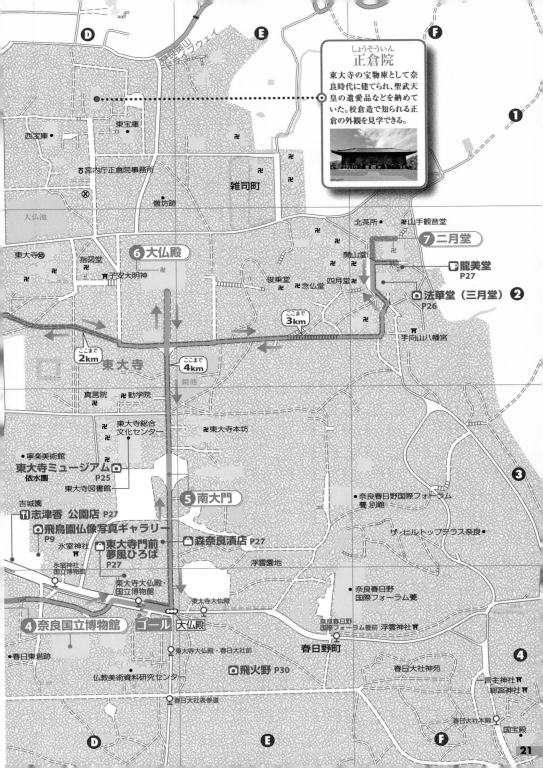

D **E** **F**

しょうそういん
正倉院

東大寺の宝物庫として奈良時代に建てられ、聖武天皇の遺愛品などを納めていた。校倉造で知られる正倉の外観を見学できる。

1

東宝庫

西宝庫

宮内庁正倉院事務所

雑司町

僧坊跡

大仏池

北茶所 ○ 山手観音堂

7 二月堂

東大寺

指図堂

6 大仏殿

子安大明神

開山堂

P 龍美堂
P27

俊乗堂 念仏堂

四月堂

法華堂（三月堂） **2**
P26

ここまで **3km**

手向山八幡宮

ここまで **2km** 東大寺

ここまで **4km**

鏡池

真言院 勧学院

東大寺本坊

東大寺総合
文化センター

寧楽美術館

東大寺ミュージアム **P25**
依水園

東大寺図書館

奈良春日野国際フォーラム 別館

3

吉城園

志津香 公園店 P27

5 南大門

ザ・ヒルトップテラス奈良

飛鳥園仏像写真ギャラリー
P9

氷室神社

**東大寺門前
夢風ひろば**
P27

森奈良漬店 P27

浮雲園地

氷室神社・
国立博物館

東大寺大仏殿・
国立博物館

奈良春日野
国際フォーラム 甍

4 奈良国立博物館

ゴール 大仏殿

東大寺大仏殿

奈良春日野
国際フォーラム甍前 浮雲神社

春日野町

4

春日東塔跡

東大寺大仏殿・春日大社前

飛火野 P30

奈良春日野
国際フォーラム甍前

春日大社神苑

一言主神社
総宮神社

仏教美術資料研究センター

春日大社表参道

春日大社本殿 国宝殿

D **E** **F**

興福寺 _{世界遺産}
こうふくじ

木造建築としては屈指の規模。巨大柱66本に支えられている

平城京遷都が行われた和銅3年(710)に藤原不比等が創建。名門・藤原氏の氏寺として大いに栄えた。阿修羅立像(→P5)など数多くの国宝仏を所蔵し、五重塔をはじめ堂塔の大半も国宝や重文に指定されている。2018年には寺の中心となる壮大な中金堂が約300年ぶりに再建された。

☎ 0742-22-7755 🚉 奈良市登大路町48 🕐 中金堂・東金堂・国宝館は9:00～17:00 🈵 無休 🉐 境内自由(中金堂500円、東金堂300円、国宝館700円 ※東金堂・国宝館共通券900円) MAP P20

奈良のシンボル
五重塔は保存工事修理中

天平2年(730)に光明皇后が建立した国宝・五重塔。現在の建物は室町時代に天平様式で再建された6代目で、奈良のシンボルとして親しまれてきた。2022年に約120年ぶりとなる大規模な保存工事修理が始まり、屋根瓦の葺き替えや漆喰の塗り直しなどが2031年3月末まで行われる。

工事前の五重塔。工事は素屋根の中で行われるため、塔の姿は見ることができない

---

① 中金堂
ちゅうこんどう

伽藍の中心となる壮大なお堂

金色に輝く釈迦如来坐像。その四方を国宝の四天王立像が守護している

創建者は藤原不比等と伝わり、当初は周辺寺院のなかでも屈指の規模を誇った。以後、焼失・再建を繰り返し、文政2年(1819)に規模を縮小した「仮堂」が建立されたが、2000年に解体。2018年に創建時の様式で復元された。広い境内の中枢であり、内陣には本尊の釈迦如来坐像を安置している。

② 東金堂
とうこんどう

18体もの国宝仏を安置する

興福寺には3つの金堂があり、その一つが東金堂。神亀3年(726)、聖武天皇によって創建され、現在の建物は室町時代再建の6代目。堂内には本尊の薬師如来坐像(重文)を中心に、四天王立像など18体の国宝仏を安置している。

五重塔の北側に堂々と立つ寄棟造のお堂

【南円堂】
なんえんどう

日本最大の木造八角円堂。西国三十三所観音霊場の第9番札所であり、巡礼者や地元の人のお参りが絶えない。本尊の不空羂索観音坐像をはじめ11体の国宝仏を安置する堂内は、10月17日のみ特別開扉される。

お堂前にはいつも香煙がたなびいている

【北円堂】
ほくえんどう

現在の建物は鎌倉時代初期の再建だが、奈良時代の様式を随所に残す優美なたたずまい。日本で最も美しい八角円堂ともいわれる。堂内には運慶晩年の作である無著・世親立像（国宝）などを安置。春と秋に特別開扉される。

春・秋の開扉時は見逃せない

③ 国宝館
こくほうかん

名だたる寺宝が揃う必見スポット

寺宝を収蔵・公開する宝物庫。阿修羅立像（→P5）を含む八部衆像（国宝）、釈迦の高弟の像である十大弟子像（国宝）、力感あふれる金剛力士立像（国宝）など、数々の国宝仏を安置。大半はガラスケースなしで間近で見ることができる。

食堂（じきどう）の跡地に昭和34年（1959）に開館した

阿修羅立像を中心にずらりと並ぶ八部衆の像

八部衆とは　古代インドの神々を仏教に取り入れて守護神としたもの。国宝館には8体すべての像（いずれも国宝）が揃う。元が異教の神であるため容姿は異形のまま。頭は鳥、体は人間の迦楼羅（かるら）など個性的な姿の像が並んでいる。

歴史を学ぶ

藤原氏とともに栄えた興福寺

興福寺は、藤原鎌足の妻の鏡女王が現在の京都市山科区の地に築いた山階寺（やましなでら）が始まり。後に飛鳥に都が遷ると、寺も移転して厩坂寺（うまやさかでら）となり、さらに和銅3年（710）に平城京遷都が行われると、鎌足の子の不比等が現在地に移し、寺名を興福寺と改めた。以後、強大化する藤原氏をバックに大いに栄え、室町時代にかけて大和国を事実上支配するほどの力を持った。一方、たびたび戦火や雷火によって伽藍を焼失したが、その つど奈良時代の様式で復興されてきたため、天平時代の面影を今に留めている。

明治27年(1894)完成のなら仏像館は重文に指定されている

④ 奈良国立博物館
ならこくりつはくぶつかん

仏教美術の展示では国内随一

明治建築のなら仏像館(本館)と、東西の新館などで構成。仏教美術の展示は国内の博物館で最も充実しており、なら仏像館の名品展(平常展)では多数の国宝・重要文化財を含む仏像の名品を鑑賞できる。東西の新館では正倉院展や特別展を開催。西新館では絵画や工芸の展示も行われる。なら仏像館と新館を結ぶ地下回廊は入場無料となっており、各種展示のほか、ミュージアムショップ、レストランがある。

☎ 050-5542-8600(ハローダイヤル) 🏠 奈良市登大路町50
🕐 9:30〜17:00(変更の場合あり) 🏠 月曜(祝日の場合は翌日)
🎫 入館700円(特別展は別途) 🗺 P21D4

毎年秋に行われる正倉院展

古都奈良の秋の風物詩として親しまれる正倉院展は、毎年10月下旬〜11月中旬に奈良国立博物館で開催。聖武天皇の遺愛品、東大寺大仏の開眼法会で用いられた仏具など、正倉院に伝えられてきた世界的至宝の一部が特別公開される。出展品は毎年変わるので、何度行っても楽しめる。

ペルシア起源といわれるガラス製のグラス、瑠璃坏(るりのつき)

世界で唯一現存する五絃の琵琶、螺鈿紫檀五絃琵琶(らでんしたんのごげんびわ)

重要文化財 金剛力士立像(奈良・金峯山寺)など、なら仏像館では貴重な仏像の数々を鑑賞できる

正倉院「正倉」の校倉造をモチーフにした新館。東・西新館とも2階が展示室となっている

🛍 ミュージアムショップ

仏像モチーフのユニークなオリジナルグッズや書籍などが揃う。

「元気が出る仏像シリーズ」マグネット
1個440円

地下回廊無料ゾーンにあり、気軽に立ち寄れる

東大寺
とうだいじ
世界遺産

世界最大級の木造古建築の大仏殿に、奈良のシンボル・大仏さま(盧舎那仏坐像)が鎮座する大寺院。大仏さまは聖武天皇の発願により造立。天平勝宝4年(752)に開眼供養会が営まれ、奈良時代末までに大仏殿を中心とする大伽藍が築かれた。広い境内には大仏殿以外にも多くのみどころがある。

☎0742-22-5511 　⊕奈良市雑司町406-1
⊛大仏殿7:30～17:30(11～3月は8:00～17:00)、戒壇堂・法華堂8:30～16:00
⊛無休 　⊛境内自由、大仏殿・戒壇堂・法華堂各800円 　MAP P21

⑤ 南大門
なんだいもん
高さ8m以上の仁王像が守る

左右に安置された金剛力士立像(仁王像)(→P8)が出迎える、東大寺の正門。像は名仏師として名高い運慶・快慶率いる慶派一門によって手がけられた。現在の門は鎌倉時代に再建されたもので、高さ25.46mと桁外れに大きい。

金剛力士立像はわずか69日間で造り上げられたという

東大寺金剛力士立像(阿形像) 　東大寺金剛力士立像(吽形像)

【戒壇堂】
かいだんどう

僧侶が守るべき規律「戒」を授かる場所。奈良時代に鑑真和上が大仏殿前に初めて築き、現在のお堂は江戸時代の再建。堂内の中央に多宝塔が安置され、天平彫刻の傑作であるリアルな四天王立像(国宝)が四隅を守る。

堂内もぜひ拝観を

豆知識 　**東大寺ミュージアム**
　　　　とうだいじみゅーじあむ

貴重な寺宝の数々を鑑賞・拝観できる

東大寺の膨大な寺宝を収蔵・展示。重量感のある平安時代前期の千手観音立像(重要文化財)や、天平彫刻の傑作である国宝の日光・月光菩薩立像など貴重な仏像を拝観できる。映像ブースでは東大寺や大仏殿建立の歴史をまとめた映像が見られる。

⊛800円(大仏殿セット券1200円)
⊛9:30～17:30(11～3月は～17:00) ※最終入館は各閉館30分前
⊛無休(臨時休館あり)

6 大仏殿
だいぶつでん

大仏さまが鎮座する東大寺の中心

　東大寺の中心である金堂（本堂）。「奈良の大仏」として世界的に有名な本尊・盧舎那仏像（国宝）を安置するため、一般に大仏殿と呼ばれる。奈良時代に建てられて以来、2度にわたって焼失しており、現在の建物は宝永6年（1709）に再建された3代目。創建当時の3分の2の規模だが、それでも世界最大級の木造古建築として名高い。

高さ約15mの盧舎那仏は、金銅仏としては世界最大級

大仏（盧舎那仏）

高さ約15mの世界最大級の銅造仏像で正式には盧舎那仏という。奈良時代に聖武天皇が発願し、天平勝宝4年（752）に開眼。2度の兵火に焼け落ち、今のお顔は江戸時代の再興だが、台座から膝を中心に天平創建当時のものが多く残る。盧舎那仏は宇宙そのものという仏で、世界に慈悲の光を照らし、人々を悟りに導くとされる。

7 二月堂
にがつどう

修二会が名の由来

　天平勝宝4年（752）から一度も途絶えることなく続けられている修二会（お水取り）（→P158）が行われるお堂。修二会は旧暦では2月に行われていたので、二月堂といわれる。境内東方の山裾に立つ舞台造のお堂で、現在の建物は寛文9年（1669）の再建。西に張り出した舞台からは、大仏殿の大屋根越しに奈良市街を一望することができる。

二月堂からは大仏殿の大屋根越しに奈良市街を見渡せる

【法華堂（三月堂）】
ほっけどう（さんがつどう）

東大寺の前身寺院の金鐘寺があったとされる場所に立つ、東大寺の現存最古の建物。奈良時代に造られた寄棟造の正堂に、鎌倉時代に入母屋造の礼堂を付けて1棟にしたもので、名建築の誉れが高い。堂内には像高362cmの本尊・不空羂索観音立像をはじめ、10体の仏像を安置。すべて奈良時代の作で、国宝に指定されている。

時代の異なる2つの建物が見事に結ばれた名建築

おさんぽの途中に！　立ち寄りグルメ＆ショップ

☕ 龍美堂
りゅうびどう

200年の歴史をもつ茶釜のある甘党茶屋

東大寺二月堂のそばにある甘味処。おすすめは、きな粉がたっぷりかかった自家製わらび餅1180円（抹茶付き）。東大寺に伝わるおかず味噌「行法味噌」の販売も行う。

☎0742-23-6285
🏠奈良市雑司町406-1
🕐10:00～16:00LO（冬期は変更あり）
🈺不定休
MAP P21F2

🛍 森奈良漬店
もりならづけてん

東大寺門前にある奈良漬の老舗

明治2年(1869)の創業以来、奈良漬ひと筋の老舗。昔ながらに酒粕と天然塩だけで漬け込む奈良漬は、シャキッと辛口でクセになる味わい。袋入りのきざみ奈良漬456円～。

☎0742-26-2063（問合せは～17:00）
🏠奈良市春日野町23
🕐9:00～18:00
🈺無休
MAP P21D3

🍽 天極堂 奈良本店
てんぎょくどう ならほんてん

本葛のなめらかな口当たりを実感

創業150余年の吉野本葛専門店。「吉野晒」という伝統製法で作る本葛を用いた食事・甘味メニューが充実。季節により料理内容が変わる「季節の膳セット」2200円。

☎0742-27-5011
🏠奈良市押上町1-6
🕐10:00～19:30（19:00LO、1月中旬～2月は～18:30）
🈺火曜（祝日の場合は翌日）
MAP P20C3

🍽 志津香 公園店
しづか こうえんてん

素材の旨みを引き出した釜めしが自慢

オーダー後に一釜ずつ炊き上げる釜めし専門店。大和肉鶏釜めし1480円（赤だし、香の物付き）は、鶏がらベースのダシで炊いたご飯と大和肉鶏の旨みが凝縮されている。予約不可。

☎0742-27-8030
🏠奈良市登大路町59-11
🕐11:00～19:00LO
🈺火曜（祝日の場合は営業）、不定休あり
MAP P21D3

🛍 池田含香堂
いけだがんこうどう

細部にまでこだわった奈良の伝統美

色鮮やかな和紙に奈良の風物詩や鹿、鳳凰などの天平模様が透かし彫りされた奈良団扇は、1本2420円～。奈良時代に起源を持つ伝統工芸、奈良団扇を製造しているのは今ではここだけ！

☎0742-22-3690
🏠奈良市角振町16
🕐9:00～18:00
🈺無休（9～3月は月曜）
MAP P20A4

🛍 東大寺門前 夢風ひろば
とうだいじもんぜん ゆめかぜひろば

奈良公園の中心にある複合商業施設

地元の素材を大切にしたレストランやカフェ、ショップの15店舗が集合した複合商業施設。食事からみやげまで、趣向を凝らした店が揃っている。東大寺への遊歩道もある。

☎0742-25-0870
🏠奈良市春日野町16
🕐🈺店舗により異なる
MAP P21D4

［奈良・西ノ京］

神宿る聖域を訪ね
世界遺産の森を歩く

春日大社周辺

・かすがたいしゃしゅうへん・

● 歩く時間 >>>
約55分

● 歩く距離 >>>
約3.2km

● おすすめ季節 >>>
春🌸夏🍃(4~7月)

別天地のような美観を愛でた多くの歌が万葉集に収録されている春日大社周辺は、古えの大宮人の遊楽地として親しまれた土地。古くから神山として崇められる春日山の麓に立つ春日大社とその末社を参拝したら、山々を一望する飛火野でその景色を堪能したい。興福寺の放生池である猿沢池も風情にあふれる。

おさんぽアドバイス

春日大社の周辺は緑も多く、散策が楽しいエリア。飛火野から猿沢池までは一本道なので、のんびりと歩こう。

半日コース **START** ❶ ❷ ❸ ❹ **GOAL**

バス停春日大社本殿 ≫ 春日大社 ≫ 夫婦大國社 ≫ 飛火野 ≫ 猿沢池 ≫ 近鉄奈良駅

近鉄奈良駅から
奈良交通バス
春日大社本殿
行きで
8分
250円

徒歩
4分
（所要30分）

徒歩
3分
（所要10分）

徒歩
19分
（所要30分）

徒歩
18分
（所要15分）

徒歩
12分

近鉄奈良線

高低差				
200m				
100m				
0m				

本殿　バス停春日大社　❶❷　❸　❹　奈良駅　近鉄

距離 >1km　>2km　>3km

本殿の直前にある高さ約10mの中門。左右に延びているのは御廊

❶ 春日大社 世界遺産
かすがたいしゃ

神聖な森に鎮まる

平城京遷都が行われたころに、都の守り神として鎮座されたのが始まり。千古の森に包まれた境内は広大で、回廊に囲まれた本社には朱塗りの美しい社殿が立ち並ぶ。このほかさまざまなご利益のある神社が森の中に点在し、国宝殿や萬葉植物園などのみどころもある。

境内には約3000基の燈籠がある

☎0742-22-7788　🏠奈良市春日野町160　🕐本社開門6:30～17:30（11～2月は7:00～17:00、御本殿特別参拝9:00～16:00※いずれも変動あり）　🈺萬葉植物園は4・5月を除く火曜（祝日の場合は開園）　🈯境内自由、御本殿特別参拝700円、国宝殿・萬葉植物園各500円
MAP P31D2

❷ 夫婦大國社
めおとだいこくしゃ

夫婦円満・恋愛成就の神

春日大社の末社で、日本で唯一夫婦の大國様を祀っている神社。若い女性に人気が高いハート形の絵馬は、恋人と二人で名前を書くと仲がいつまでも続くといわれる。縁結びや夫婦円満、家内安全のほかに、商売繁盛のご利益もある。

☎0742-22-7788（春日大社）　🏠奈良市春日野町160　🕐9:00～16:30　🈺無休　🈯参拝自由　MAP P31D2

絵馬掛けには大量のハート絵馬が

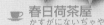
おさんぽの途中に！　## 立ち寄りグルメ＆ショップ

☕ 春日荷茶屋
かすがにないちゃや

参道沿いの風情ある茶屋

大和茶の最高級抹茶を使用した抹茶は柿もなか付きで750円。ほかに月替わりの万葉粥1200円などの食事メニューも充実。春日大社の澄んだ空気の中でほっとひと休みしよう。

☎0742-27-2718　🏠奈良市春日野町160　🕐10:30～16:00　🈺火曜（営業の場合あり※公式HPを確認）　MAP P31D2

🍴 仏蘭西料理 ラ・テラス
ふらんすりょうり ら・てらす

自然の中で優雅なフレンチ

四季折々の景色を眺めながら本格的なフランス料理を堪能できるレストラン。メニューはコースのみで、昼8800円～、夜1万5000円～。昼夜ともに要予約（公式HPを要確認）。

☎0742-27-0556　🏠奈良市春日野町98-1　🕐12:00～13:00LO、18:00～19:00LO　🈺火・水曜　MAP P31D1

🏠 鹿猿狐ビルヂング
しかさるきつねびるぢんぐ

創業の地に立つ複合商業施設

奈良を拠点に全国展開する中川政七商店が手がける。日本の工芸から生み出された品々が揃う旗艦店「中川政七商店 奈良本店」をはじめ、カフェや食事処などが集まる。

☎0742-25-2188（中川政七商店 奈良本店）　🏠奈良市元林院町22　🕐10:00～19:00（店舗により異なる）　🈺無休　MAP P30A2

写真／淺川 敏

春日大社周辺

広域図はP167へ

N 0 100m
1:10,000

中筋町

1 ゴール
近鉄奈良駅
関西みらい

近鉄奈良駅
東向
春日

小西町
ドラッグセイムス⑤
角振町
三井住友

東向南町

橋本町

2
椿井町
椿井小
南市町
光明院町
東城戸町
奈良下御門局
下御門町
市なら工藝館
中院町

3
正覚寺
脇戸町
市立史料保存館
高御門町 中新屋町
鎮宅霊符神社
陰陽町
奈良町資料館
南城戸町 西新屋町
音声館
芝新屋町
徳融寺 鳴川町 元興寺町

A 油留木町
奈良文化会館
県立美術館
登大路一番町北通
家裁判所
商工会議所
奈良県商工観光館

登大路
登大路町

北円堂
中金堂
興善寺
南円堂
采女神社
五重塔

元林院町
鹿猿狐
ビルヂング P29
池之町
東寺林
東寺林町

勝南院町
住吉神社
光傳寺

北室町
宝物館
元興寺 P40
鵲町
奈良まち物語館 公納堂町
毘沙門町 法徳寺
小塔院跡 御霊神社
聖尼寺 元興寺局
薬師堂町
元興寺町 金躰寺

B 押上町
奈良税務署
県警本部
奈良公園バスターミナル
(観光バス専用)
奈良県庁
県庁西 県庁前
登大路
県庁東

興福寺 P22
興福寺国宝館
興福寺本坊
東金堂

奈良国立博物館 P24
春日西塔跡 春日東塔跡

一の鳥居前

ならまち

奈良婦人会館
飛鳥荘
菩提町 荒池
ならまちセンター
奈良ホテル
尾花

瑜伽山
瑜伽神社

旧大乗院庭園
大乗院
庭園文化館
福智院町
福智院町
福智院北

今西家書院 P41

十輪院畑町
十輪院町
十輪院 P41
超願寺

C 真薔院 勧学院
北林院 東大寺ミュージアム
寧楽美術館 正観院
依水園 東大寺図書館
吉城園 南大門 P25
知事公舎

氷室神社
氷室神社・国立博物館

大仏殿
西新館 東新館
仏教美術資料研究センター

奈良市

東大寺門前
夢風ひろば
東大寺大仏殿
国立博物館
東大寺大仏殿
大仏殿

春日大社参道

3 飛火野

鷺池

広域図はP167へ

ここまで 3km

ここまで 2km

うきみどう
浮見堂

奈良公園内にある鷺池の水上に立つ休憩所。撮影スポットとしても人気。季節の花や木も楽しめ、ボート遊びもおすすめ。

一帯は春日大社の境内地。リラックスしながらひと休みできる

3 飛火野
とびひの

緑に包まれた癒し系スポット

春日大社表参道の南に広がっている芝生の原。古くは「とぶひの」といわれ、奈良時代に緊急時の連絡用の烽火(のろし)台が置かれていたことが名の由来ともいわれる。かつて貴族たちが花見なども行った場所で、現在は青々とした芝地には鹿が群れ遊ぶ。東には御蓋山や春日山を望める。

☎0742-22-7788(春日大社)
時休料 散策自由 MAP P30C2

飛火野で行われる「鹿寄せ」を体験

ナチュラルホルンの音色で鹿を呼び寄せる「鹿寄せ」は明治時代から続く恒例行事。12月上旬と1・2月、3月下旬の実施日10時に開始(実施日は公式HPを要確認)。☎0742-22-2388(奈良の鹿愛護会)

まんようしょくぶつえん
萬葉植物園

約300種類の萬葉植物が植栽されている日本で最も古い植物園。春日大社の社紋である藤の花が約200本ある。

D

❶

奈良公園

・奈良春日野国際フォーラム 甍 別館

ザ・ヒルトップテラス奈良

仏蘭西料理
ラ・テラス
P29

・奈良春日野
　国際フォーラム 甍

浮雲神社

奈良春日野国際
フォーラム 甍前

高主神社

総宮神社

スタート

春日大社本殿
春日野町

❶ 春日大社

国宝殿

❷

◎ **鹿苑**
P159

ここまで
1km

若宮

春日荷茶屋
P29

佐良気神社

ささやきの小径
P36

金龍神社

❷ 夫婦大國社

**奈良学園セミナーハウス
志賀直哉旧居** P36

❸

穂神社　感徳寺

不空院

高畑町

奈良高畑教会

関西電力・
共済会館

香薬師堂

市立写真美術館

新薬師寺 P37

飛鳥中

D

歴史を学ぶ

◎ 民衆に慕われた奈良時代の高僧・行基

本コースのゴール地点・近鉄奈良駅の駅前に立つ銅像は、奈良時代の高僧行基。行基は和泉国大鳥郡（現大阪府堺市）に生まれ、15歳で出家。諸国を巡り、民衆の中に入って活動した。

けでなく、人々のために池や橋、道、布施屋などを各地に造った。「民衆を惑わす」として朝廷に弾圧されたが、後に公認され、東大寺大仏の造立にも尽力。最期は喜光寺（→P58）で亡くなった。多くの寺だ。

近鉄奈良駅前に立つ行基像

池に背を向けて西向きに立つ采女神社。采女を祀っている（右）。奈良市民の憩いのスポットとして親しまれている（下）

---

❹ 猿沢池
さるさわいけ

池越しに見る五重塔が印象的

興福寺の放生池として造られた池で、奈良公園を代表する名勝地の一つ。古都の風景を水面に映す風情たっぷりのスポットは記念撮影の定番ポイント。池のほとりには、奈良時代に帝の寵愛が衰えたことを嘆き、池に身を投げたという采女を祀る采女神社があり、中秋の名月の日に采女祭（→P159）が行われる。

☎ 0742-22-0375（奈良公園事務所）
🅟 奈良市登大路町　🕐休🈚 散策自由　MAP P30A2

[奈良・西ノ京]

コース **3**

春 日大社から出発、まずは若草山（入山料150円）の登山道を歩き、展望台などがある山頂を目指す。若草山は笠を3つ重ねたような姿から「三笠山」とも呼ばれる。山麓から少し登った一重目からでも奈良公園や市街が見渡せ、三重目の山頂まで行けば、奈良盆地を一望できる。絶景を楽しんだら、春日山遊歩道で下山。世界遺産の春日山原始林に沿って続く散策路で、木立のなかを快適に歩ける。

MAP P33

春日山・若草山ハイキング
・かすがやま・わかくさやま・

半日コース

おさんぽアドバイス　若草山の開山期間は3月第3土曜〜12月第2日曜。春日山遊歩道は通年歩け、冬期はそちらをたどって若草山山頂展望台へ。

START & GOAL　バス停 春日大社本殿

① 若草山山頂展望台
わかくさやまさんちょうてんぼうだい

山頂から奈良の町並みを見下ろす

毎年1月の第4土曜に開催される山焼き（→ P158）が有名な若草山。標高342mに位置する展望台からは奈良市内を一望できる。夜景スポットとして、夜に訪れる人も多い。

☎0742-22-0375
（奈良公園事務所）
時休料散策自由
MAP P33C1

奈良盆地を一望できる名所

② 春日山遊歩道
かすがやまゆうほどう

木立に包まれた心地よい散策道

世界遺産に登録されている春日山原始林に沿って続く遊歩道は、緑豊かで美しい散策路。一年を通じてみどころが多いが紅葉シーズンは格別で、しっとりした景色が楽しめる。

☎0742-22-0375
（奈良公園事務所）
時休料散策自由
MAP P33B3

山の澄んだ空気を吸おう

観光クローズアップ

◎ 鶯塚古墳
うぐいすづかこふん

山頂にある珍しい古墳

春日山山頂にある全長約103mの前方後円墳。被葬者は不明だが、山頂に造られた古墳は全国的にも珍しい。『枕草子』にある「うぐいすの陵」はこの古墳ではないかという。国の史跡で柵内立入禁止。

☎0742-22-0375
（奈良公園事務所）
MAP P33C1

古墳の前方部では円筒埴輪列が確認され、さまざまな形の埴輪も出土している

春日山・若草山

広域図は P169へ

N

0 ── 100m

1:10,000

● 歩く時間 >>>
約1時間40分

● 歩く距離 >>>
約4.9km

● おすすめ季節 >>>
春 (3〜4月)

A **B** **C**

★春日山・若草山

生駒　奈良　天理
王寺
高田　桜井
吉野口

① 1

川上町

奈良奥山ドライブウェイ

鷲塚古墳 P32

① 若草山山頂展望台

若草山 (三笠山)

料金所

ここまで 2km

山頂駐車場

鎌研交番所

卍 二月堂 P26

卍 法華堂 (三月堂) P26

手向山八幡宮

奈良市

雑司町

ここまで 1km

2 2

料金所

② 春日山遊歩道

ここまで 3km

中水谷休憩所

松乃家旅館
ザ・ヒルトップ
テラス奈良
古都の宿 むさし
水谷茶屋

料金所

ここまで 4km

春日山原始林

3 3

萬葉植物園

一言主神社
総宮神社

キッシュ専門店
レ・カーセ P32

春日大社本殿

ゴール

スタート

国宝殿

卍 春日大社 P29

春日野町

若宮

夫婦大國社 P29

ささやきの小径 P36

わかくささんろく
若草山麓
みやげ店や旅館が軒を連
ね、鹿が悠然と群れをな
している。東大寺法華堂
から春日大社に向かう時
はここをたどる。

4 4

A **B** **C**

500m
250m
高低差 0m

本殿 春日大社
バス停 春日大社

距離 > 1km > 2km > 3km > 4km

①
②
③

本殿 春日大社
バス停 春日大社

33

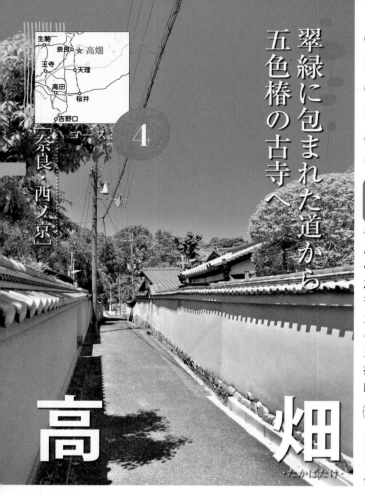

コース 4

【奈良・西ノ京】

翠緑に包まれた道から
五色椿の古寺へ

高畑

・たかばたけ・

MAP P35A3

● 歩く時間 >>>
約50分

● 歩く距離 >>>
約2.6km

● おすすめ季節 >>>
春🌸秋🍁（3〜4月、9〜10月）

高 畑はかつてさまざまな文化人が集った文化の香り漂う町。春日大社から、馬酔木の木が茂る「ささやきの小径」を歩いて向かおう。志賀直哉が『暗夜行路』を書き上げた旧居を訪ねたら、土塀が連なる町並みをたどって南へ。国宝の十二神将立像で知られる新薬師寺を拝観し、五色椿や萩が咲く白毫寺へ足を延ばそう。

おさんぽアドバイス

白毫寺から坂道を下るとバス停白毫寺に着く。本数が少ないので、時間が合わない場合はバス停高畑住宅（MAP P35A3）へ。

半日コース **START** 🚌

バス停春日大社本殿

近鉄奈良駅
から
奈良交通バス
春日大社本殿
行きで
8分
250円

≫ 1 ささやきの小径

徒歩5分

（所要10分）

≫ 2 奈良学園セミナーハウス 志賀直哉旧居

徒歩5分

（所要20分）

≫ 3 新薬師寺

徒歩9分

（所要30分）

≫ 4 白毫寺

徒歩18分

（所要30分）

≫ **GOAL** 🚌 バス停白毫寺

徒歩10分

近鉄奈良駅
へは
奈良交通バス
近鉄・JR奈良駅
行きで
11分
250円

300m >
150m >
高低差 0m >

本殿 バス停春日大社

1 2 3

4

バス停白毫寺

距離 > 1km > 2km

A　B　C

浮雲神社

奈良春日野
国際フォーラム甍前
萬葉植物園

一言主神社
総宮神社

スタート

飛火野 P30

春日大社本殿
国宝殿

春日野町

鹿苑 P159

春日大社 P29

夫婦大國社
P29

奈良市

❶ ささやきの小径

紀伊神社

たかばたけ茶論
P37

❷ 奈良学園セミナーハウス
志賀直哉旧居

吟松 高畑店
P37

赤穂神社
感徳寺
奈良高畑教会　❸ 新薬師寺
不空院

関西電力共済会館
香薬師堂
空櫳 P37

高畑町
比賣神社
南都鏡神社

奈良教育大附属小

ここまで
1km

飛鳥中

高畑町

奈良教育大

奈良教育大
教育学部附属

わかみや
若宮
春日大社の摂社の一つ。
毎年12月15〜18日の4日
間行われる「おん祭」は、
国の重要無形民俗文化財
に指定されている。

高畑住宅

いりえたいきちきねん
入江泰吉記念
ならししんびじゅつかん
奈良市写真美術館
半世紀にわたって奈良大
和路の美しい風景・風物
を撮り続けた写真家・入
江泰吉の全作品8万点を
所蔵、公開している。

高砂橋

やくしの里

西勝寺
宅春日神社

白毫寺町

ここまで
2km

キリン堂

能
登
川

飛鳥公民館白毫寺分館

農業組合
精米所

❹ 白毫寺

白毫寺

ゴール

東山霊園

尾上町

① ささやきの小径
ささやきのこみち

静かな森を抜けて高畑へ

春日大社の二之鳥居を背にして高畑町へと続く道の一つ「下の祢宜道」の通称。かつては神官の通り道（祢宜道）だったことからこの名が付いた。鳥のさえずりに耳を傾けつつ馬酔木のトンネルを歩けば、趣たっぷりの古い土塀が連なった高畑の町が出迎えてくれる。

☎0742-22-7788（春日大社）
時休料散策自由
MAP P35B2

春日大社がこのコースのスタート地点

木の葉が風に揺れてささやくように聞こえる

② 奈良学園セミナーハウス
志賀直哉旧居
ならがくえんせみなーはうすしがなおやきゅうきょ

名作が生み出された場所

志賀直哉が昭和4年（1929）から9年間家族とともに暮らした家。直哉自身の設計とされる建物は、数寄屋造をベースに洋風・中華風の様式を織り交ぜた、当時としてはハイセンスなもの。『暗夜行路』を書き上げた場所でもある。

春日大社からささやきの小径を抜けた先の、閑静な住宅街にたたずむ

☎0742-26-6490　住奈良市高畑町1237-2
時9:30～17:30（冬期は～16:30）※最終入館は各閉館30分前　休無休
料350円　MAP P35A2

書斎の窓の向こうには緑が広がる。最高の環境の中で執筆活動を行っていた

文化人の集いの場だった高畑サロン

大屋根が優雅な曲線を描く本堂は、貴重な奈良時代の建築

❹ 白毫寺
びゃくごうじ

気品に満ちた花の寺

天智天皇の皇子・志貴皇子の山荘跡に立つという古寺。奈良市街を見渡せる高台にあり、萩や五色椿などが美しい「花の寺」としても知られる。宝蔵に安置される閻魔王坐像（重文）は憤怒の表情を写実的に表した鎌倉彫刻の傑作。

☎ 0742-26-3392　㊟ 奈良市白毫寺町392　⊕ 9:00〜17:00　㊡ 無休　㊟ 500円　MAP P35C4

本堂は奈良市指定文化財

❸ 新薬師寺
しんやくしじ

国宝の十二神将は迫力満点

光明皇后が夫の聖武天皇の眼病回復を祈って天平19年（747）に創建した。当時から唯一残る天平建築の本堂は国宝に指定。堂内には、本尊の薬師如来坐像が中心に安置され、周囲を天平彫刻の傑作の十二神将立像（→P6）が守る。本尊、十二神将とも国宝。

参拝の入口となる南門。鎌倉時代に造られたもので重文

☎ 0742-22-3736
㊟ 奈良市高畑町1352
⊕ 9:00〜17:00　㊡ 無休
㊟ 600円　MAP P35B3

おさんぽの途中に！　　立ち寄りグルメ＆ショップ

☕ たかばたけ茶論
たかばたけさろん

高畑の人気ガーデンカフェ

志賀直哉旧居の隣。画家が愛した大正時代築のロマンあふれる洋館と一体となった庭で、癒やしのひとときを過ごせるガーデンカフェ。ブレンドコーヒーとケーキセット1200円。

☎ 0742-22-2922　㊟ 奈良市高畑町1247　⊕ 14:00〜18:00　㊡ 月〜木曜（祝日の場合は営業）　MAP P35A2

🍜 吟松 高畑店
ぎんしょう たかばたけてん

地元で人気のこだわりそば

長野県産の実を石臼挽きしたそばは、しっかりコシがあって喉越しも最高。そばにサクサクの天ぷら、甘めの汁のバランスが絶妙な天ざるそば1450円をぜひ味わいたい。

☎ 0742-26-0188　㊟ 奈良市高畑町1412-1　⊕ 11:00〜14:00（売り切れ次第終了）　㊡ 月・金曜（祝日の場合は営業）　MAP P35B2

🛍 空櫁
そらみつ

心豊かになる道具が集まる

店主が日本各地から選りすぐった、暮らしを豊かにする手仕事の逸品や作家の作品を紹介。器や日用品などが古民家の店内にセンスよくディスプレイされている。

☎ 080-6138-2957　㊟ 奈良市高畑町1445-1　⊕ 12:00〜18:00（11〜3月は〜17:00）　㊡ 不定休（公式HPを要確認）　MAP P35B3

町家の風情が漂う古きよき町を歩く

ならまち

・ならまち・

◉ **歩く時間** >>>
約**55**分

◉ **歩く距離** >>>
約**3.0**km

◉ **おすすめ季節** >>>
初夏🍃（5〜6月）
秋🍁（10〜11月）

ならまちは猿沢池の南、世界遺産の元興寺の旧境内に広がる古い町。格子の美しい町家が立ち並び、元興寺をはじめ、地蔵信仰の古寺・十輪院、町家の暮らしを体感できる「奈良町にぎわいの家」などのみどころも。町家を改装した食事処やカフェ、雑貨店も多く、のんびり散策するのにおすすめのエリア。

〈 **おさんぽアドバイス** 〉

細い道が入り組んでいるので、随所に設置されている案内標識を確かめて。町家カフェなどで休みつつ、のんびり歩こう。

半日コース **START**

近鉄奈良駅

❶ 元興寺 >>

❷ 奈良町にぎわいの家 >>

❸ 十輪院 >>

❹ 今西家書院 >>

GOAL
バス停福智院町

近鉄奈良線

徒歩17分

（所要30分）

徒歩5分

（所要30分）

徒歩22分

（所要20分）

徒歩9分

（所要15分）

徒歩2分

近鉄奈良駅へは奈良交通バス近鉄・JR奈良駅行きで約6分250円

---

160 m >
80 m >
高低差 0 m >

近鉄奈良駅

❶

❷

❸

❹
バス停福智院町

距離 > **1**km　　> **2**km

近鉄奈良駅

スタート

は・ら・ら

東向通り

ならまち

広域図は
P167へ

1:6,500

春日　Ａ　　Ｂ　　Ｃ

北円堂

興福寺国宝館

興福寺本坊

東向中町

東金堂

興善院

興福寺
P22

南円堂

五重塔

登大路町

奈良市

一の鳥居前

春日西塔跡

春日東塔跡

Ｉ

東向南町

南都

三井住友

角振
新屋町

橋本町

大仏館

菊水楼

樽井町

四季亭

元林院町

猿沢池
P31

セトレならまち

椿井町

奈良生連会館

荒池

椿井小

餅飯殿町

南市町

飛鳥荘

荒池

光明院町

池之町

菩提町

瑜伽山

西寺林町

東寺林町

ならまちセンター

奈良ホテル

瑜伽神社

東城戸町

田村青芳園茶舗
P45

尾花

不審ケ辻子町

Ｚ

奈良下御門店

住吉神社

鶴福院町

下御門町

勝南院町

萬御菓子誂處
樫舎 P41

ここまで
1km

市なら工藝館

カナカナ P41

旧大乗院庭園

南中町

北室町

鵲町

洋食 春 P43

奈良ホテル

正覚寺

脇戸町

光傳寺

大乗院
庭園文化館

福智院北

寧楽菓子司
中西与三郎
P44

市立史料保存館

中院町

今西家書院

ゴール

1 元興寺

高御門町

中新屋町

佐久良 P43

宝物館

4 今西家書院

福智院町

ここまで
3km

福智院

2 奈良町にぎわいの家

陰陽町

吉田蚊帳
P45

公納堂町

玄 P41

3 十輪院

南城戸町

茶房暖暖
P42

小塔院跡

cafe春

十輪院畑町

奈良オリエント館

寧屋工房
P44

法徳寺

鳴川町

音声館

元興寺局

御霊神社

薬師堂町

Bon appetit めしあがれ P42

徳融寺

聖光寺

砂糖傳 増尾商店
P45

金躰寺

よつばカフェ P43

元興寺町

納院町

三棟町

誕生寺

ここまで
2km

川之上町街区公園

東木辻町

花園町

高林寺

築地之内町

川之上町

西紀寺町

飛鳥小

紀寺町

紀寺町

井上町

瓦堂町

川之上
突抜町

紀寺

北京終町

田中町

松倉病院

紀寺町

市立奈良病院

鹿の舟 P43

北京終町

中辻町

東紀寺町
（一）

京終局

Ａ　　Ｂ　　Ｃ

ならまち　しりょうかん
奈良町資料館
ならまちで使われていた
民具など、身近な歴史資
料を展示している。庚申
で有名な身代わり申のお
守りも販売している。

ならまちこうしのいえ
ならまち格子の家
伝統的な町家を再現。お
くどさんのある通り庭や収
納を備えた箱階段など、
機能的だった暮らしを、身
近に感じられる。

39

奈良時代の学僧、智光法師が感得したという「智光曼荼羅」を祀る極楽堂

春は桜、夏はキキョウ、秋は萩と
四季折々の花が咲き誇る

☎0742-23-1377　🚶奈良市中院町11
🕐9:00〜17:00（受付は〜16:30）
🈚無休　💴500円（10月下旬〜11月初旬
の特別展期間は別料金）　MAP P39B3

❶ 元興寺 世界遺産
がんごうじ

日本最古、飛鳥時代の屋根瓦

蘇我馬子が飛鳥に建立した日本初の本格的寺院、法興寺（飛鳥寺→P120）が前身。平城遷都に伴い現在地に移建、元興寺と改めた。国宝の極楽堂（本堂）や禅室の屋根には、飛鳥から運ばれた日本最古の瓦が残る。法輪館に安置する国宝の五重小塔も必見。

極楽堂と禅室に残る日本最古の瓦

格子が入った表屋を設けた表屋造は、ならまちの伝統的な様式の一つ

❷ 奈良町にぎわいの家
ならまちにぎわいのいえ

大正時代築の大規模な町家を公開

ならまち中心部に立つ大正6年（1917）築の古美術商の町家を改修。近代の自由な発想で建てられた主屋は明るく、奥の2階にも座敷を設けるなど独特の造り。遊び心あふれる意匠にも注目を。主屋・離れ・待合・蔵は登録有形文化財。

主屋の西側廊下や離れへと続く渡り廊下などから庭が見渡せる

☎0742-20-1917　🚶奈良市中新屋町5　🕐9:00〜17:00　🈶水曜（祝日の場合は変更、要問合せ）　💴無料（イベントは有料の場合あり）　MAP P39B3

町家のみどころ

奈良町にぎわいの家は、格子と黒漆喰の外壁が印象的。格子は昼間外から中が見えにくく、中から外がよく見え、防犯と通風・採光の役割を果たしている。玄関の坪庭の先には見事な木組みの土間が続き、江戸時代築の蔵は奈良町でも最古級だ。

遊び心ある意匠が随所に

格天井と金箔が豪華な仏間

③ 十輪院
じゅうりんいん

珍しい石仏龕を祀る

8世紀初頭の創建と伝わる古刹。本堂の奥に祀られる石仏龕（重文）は、花崗岩で造られた石の厨子に仏像を浮き彫りにしたもの。本尊の地蔵菩薩を中心に、釈迦如来や弥勒菩薩などさまざまな仏さまが刻まれている。四季折々の花が咲く庭も美しい。

☎0742-26-6635　⊕奈良市十輪院町27　⊕9:00〜16:30（本堂内拝観10:00〜）　㊡月曜（祝日の場合は翌日）、12月28日〜1月5日、1月27・28日、7月31日〜8月31日㊅500円　MAP P39C3

石仏龕は正面約3m、高さ約2.5m

優美なたたずまいの本堂は国宝に指定されている

書院でいただける酒粕バームセット1200円（入館料込）

手入れの行き届いた美しい庭園もみどころの一つ

④ 今西家書院
いまにしけしょいん

歴史ある書院で憩いの時間を

元は興福寺大乗院家に仕えた福智院氏の居宅。大正13年（1924）から春鹿醸造元、今西家の所有に。国の重要文化財に指定された建物は、室町時代中期の建築様式を伝える書院造。書院見学後は、庭を散策したり喫茶を楽しんだりと思い思いのひと時を。

☎0742-23-2256　⊕奈良市福智院町24-3　⊕10:30〜16:00　㊡月〜水曜、8月中旬、12月下旬〜1月上旬　㊅400円　MAP P39C3

おさんぽの途中に！ 立ち寄りグルメ＆ショップ

☕ カナカナ
かなかな

ならまち町家カフェの先駆け

築100年の町家を改装した店内はゆったりとくつろげる空間。濃厚でしっとりとしたチーズケーキ605円は、自家焙煎豆のコーヒーと一緒に。人気のカナカナごはんは1683円。予約不可。

☎0742-22-3214　⊕奈良市公納堂町13　⊕11:00〜19:00　㊡月曜（祝日の場合は翌日）　MAP P39C3

🍜 玄
げん

予約必須の人気手打ちそば

仕入れから手打ちまで、店主自らがこだわり抜いたその味は、多くのそば通を唸らせる。昼メニューのせいろそば1320円はそばの香りとコシが上品な味わい。昼夜ともに要予約。

☎0742-27-6868　⊕奈良市福智院町23-2　⊕11:30〜13:30（入店は〜13:00）、18:00〜21:00（入店は18:00のみ）　㊡日・月曜、土曜の夜　MAP P39C3

🛍 萬御菓子誂處 樫舎
よろずおんかしあつらえどころ かしや

天地の恵みをそのままに

とことん素材を吟味し、丹念に手作りされる和菓子が評判。自家製の丹波小豆のこし餡と吉野本葛を合わせた、名物のみよしの（葛焼き）1個410円。店内でも味わえる。

☎0742-22-8899　⊕奈良市中院町22-3　⊕9:00〜18:00（喫茶11:00〜16:30）　㊡無休　MAP P39B2

ならまちでカフェ&ランチ

昔ながらの町並みが残る人気エリア・ならまちには、町家を改装したカフェや
大和野菜など地元の食材にこだわった食事処があちらこちらに。

茶粥御膳
1595円
奈良漬や佃煮、のっぺい汁、大和茶とわらび餅が付く

茶房暖暖
さぼうのんのん

中庭を望む町家の座敷で茶粥を堪能

築約200年の元米問屋の造りや趣を今に残す、風情たっぷりの茶房。中庭を望む座敷で、五徳と鉄鍋で提供する名物の茶粥御膳が味わえる。暑い時期には冷やし茶粥御膳（1650円。6〜9月ごろ）もおすすめ。

☎0742-24-9081　🏠奈良市西新屋町43 奈良オリエント館内
🕐11:30〜14:00（土・日曜、祝日は11:00〜14:30）※LO各30分前
🚫月曜（季節により臨時休業あり、予約可）　MAP P39A3

梅の古木が印象的な中庭を望む、居心地のよい座敷席

町家の多いならまちでも、ひときわ目を引く重厚な表構え

Bon appetit めしあがれ
ぼなぺてぃ めしあがれ

特別な空間で味わう本格フレンチ

格子の引き戸と開けて一歩中に入ると、路地のような石畳が奥へ奥へと続く。築約100年の町家が醸す特別な雰囲気の中で、本場フランスの有名店での修業経験を持つオーナーシェフの、繊細なフランス料理が堪能できる。ワインのラインナップも充実。完全予約制。

☎0742-27-5988
🏠奈良市十輪院町1
🕐12:00〜15:00、18:00〜21:00（要問合せ）
🚫不定休
MAP P39B3

十輪院（→P41）の南門前に立つ趣ある建物

中庭を望む店内には靴を脱いで上がるテーブル席が

ランチコース
5000円〜
大和野菜や大和牛など、奈良の食材をふんだんに使った品々が登場

洋食 春
ようしょく はる

肉汁があふれ出すハンバーグが大人気

風情ある築約160年の町家を改装した洋食店。おすすめは、丁寧に二度挽きした大和牛とヤマトポークの合い挽きで作る絶品ハンバーグと、大ぶりの有頭エビフライのセット。

☎0742-24-5187 ⓘ奈良市公納堂町14 ⓣ11:00〜15:30 ⓗ火・水曜（祝日の場合は営業） MAP P39C3

和の風情が漂う。近くにはcafe春も

海老フライ＆ハンバーグセット
2400円
季節のサラダとご飯、味噌汁が付いてボリューム満点

鹿の舟
しかのふね

かまど炊きご飯を定食で味わう

人気カフェ「くるみの木」がプロデュースする複合施設。かまど炊きご飯が味わえる食堂＆グローサリー「竈Kamado」、喫茶室「囀Saezuri」、観光案内所「繭Mayu」からなる。

☎0742-94-3500（繭） ⓘ奈良市井上町11 ⓣ繭9:00〜17:00、竈11:00〜16:00（食事は〜15:00頃※売り切れ次第終了）、囀11:00〜17:00（16:30LO） ⓗ繭は無休、竈は水曜、囀は火〜金曜 MAP P39B4

開放的なエントランス

昼の定食
2000円〜
吉野檜の薪で炊くご飯に季節のおかずがたっぷり

佐久良
さくら

吉野本葛100%の葛もちを味わう

吉野山にある葛の老舗「葛の元祖 八十吉」の本葛のみを使う甘味処。注文を受けてから一つひとつ手作りする葛もちや葛きりで、吉野本葛ならではの風味と透明感を堪能したい。

☎0742-26-3888 ⓘ奈良市高御門町2 ⓣ10:00〜17:00（16:30LO） ⓗ水・木曜（祝日の場合は営業） MAP P39A3

築160年の町家を利用

葛もち小倉
1080円
もっちりした葛もちに上品な甘さの小倉餡がよく合う

よつばカフェ
よつばかふぇ

昭和レトロなムードが漂う町家カフェ

懐かしさあふれる建物内では、縁側がある1階テーブル席や2階の座敷などでくつろげる。手作りスイーツやランチが楽しめるほか、軒先では自家栽培野菜や菓子のテイクアウト販売も。

☎0742-26-8834 ⓘ奈良市紀寺町954 ⓣ11:00〜16:00LO（土・日曜、祝日は11:00〜17:00LO） ⓗ水・木曜（祝日の場合は営業） MAP P39C3

ユニークなバス停のオブジェが目印

本日のケーキセット
900円
鹿の子模様のホワイトチョコチーズケーキが人気！

赤膚焼の茶碗も販売。幸せを運ぶといわれる花喰鳥が描かれた茶碗6万円

◉ 寧屋工房
なやこうぼう
気品漂う赤膚焼の陶器

　赤膚焼作家・武田高明氏の工房兼ギャラリーショップ。桜や正倉院文様などを透かし彫りにした燈火器は、ろうそくを灯すと幻想的に浮かび上がり、その光と影のコントラストにうっとり。インテリアとして風流な空間を演出できそう。
☎ 0742-23-3110
🏠 奈良市芝新屋町18
🕐 10:30～17:30
🈑 水曜(祝日の場合は営業)
MAP P39B3

ずっと眺めていても飽きのこないシンプルで上品なデザインの燈火器。小さいものなら4800円から手に入る

奈良らしい絵が描かれた奈良絵小皿5枚セット6500円

ならまちで見つけたおみやげ

グルメスポットはもちろん、おみやげスポットもいっぱいのならまち。
伝統工芸品や老舗の和菓子など、奈良らしいおみやげを持ち帰りたい。

◉ 寧楽菓子司 中西与三郎
ならかしつかさ なかにしよさぶろう
奈良モチーフの上品な和菓子

　大正2年(1913)の創業。正倉院宝物の香木『黄熟香』をモチーフに完成させた「黄熟の香」はしっとり軟らかい半生菓子。わらび餅(プレーン・大和茶)と求肥、自家製餡をトッピングした「六坊」などもあり、茶房でも味わえる。
☎ 0742-24-3048
🏠 奈良市脇戸町23　🕐 10:00～18:00(茶房11:00～17:30LO)※変更の場合あり　🈑 月曜(祝日、夏季・冬季は営業の場合あり)　MAP P39A2

茶房でも人気メニューの六坊800円

中庭を望む風情たっぷりの茶房

黄熟の香15個2430円は卵と和三盆糖の芳醇な香りとまろやかな風味が特徴

砂糖傳 増尾商店
さとうでん ますおしょうてん

江戸時代から守り続ける伝統の甘味

創業170年を誇る老舗の砂糖専門店。看板商品は伝統的な製法で米を麦芽で糖化した御門米飴や、奈良の養蜂所で採取された自然の風味が際立つ蜂蜜。そのままでも美味しいが、パンケーキや紅茶に入れてもおいしい。

☎0742-26-2307
🏠奈良市元興寺町10
🕐9:00～18:00
休無休　MAP P39B3

まろやかで癖のない無添加の奈良はちみつ1700円～

黒と赤を基調とした壺が味のある御門米飴は1800円

砂糖傳と書かれた風格漂う看板が目印の店

奈良県産大和茶の上質な茶葉を使用した、本格的な味と香りのティーバッグ。5つ入り400円。

毎日店頭で焙じている大和ほうじ茶100g450円

田村青芳園茶舗
たむらせいほうえんちゃほ

芳ばしいお茶の香りに誘われて

元興寺のほど近く、今では珍しくなった昔ながらの懐かしい雰囲気のお茶屋さん。弘法大師が伝えたことに始まるという奈良の名産品・大和茶を販売。レトロな焙じ機から漂う香りよいほうじ茶は奈良みやげにも最適。

☎0742-22-2833
🏠奈良市勝南院町18
🕐10:00～15:00　休日・月・木曜　MAP P39B2

江戸時代末期の商家の堂々とした佇まい

吉田蚊帳
よしだかちょう

蚊帳の老舗が作るカラフルふきん

奈良の地場産品として知られる蚊帳を製造販売する老舗。昔ながらの蚊帳はもちろん、人気のならまちふきんやランチョンマット、蚊帳ののれんやリネンストールなど、蚊帳生地を使ったおしゃれな雑貨がずらりと揃う。

☎0742-23-3381
🏠奈良市芝新屋町1
🕐9:30～18:00
休月曜（祝日の場合は翌日）　MAP P39B3

品質抜群で豊富なカラーが揃うならまちふきんはおみやげにぴったり。1枚480円

歴史ある土蔵風の建物が目印。国の登録有形文化財

コース **6**

［奈良・西ノ京］

佐保佐紀路

・さほ・

・さきじ・

●歩く時間 >>>約1時間40分　　●歩く距離 >>>約5.3km

半日コース **START**

大和西大寺駅 ≫

近鉄奈良駅から
近鉄奈良線で
約5分
240円

① 平城宮跡
第一次大極殿 ≫

徒歩
23分

（所要30分）

② 平城宮跡
朱雀門 ≫

徒歩
14分

（所要10分）

③ 平城宮跡
東院庭園 ≫

徒歩
18分

（所要30分）

徒歩
13分

200m >

100m >

高低差 0m >

大和
西大寺駅

①

②

距離 >1km　　　　>2km

46

広大な平城宮跡。随所に設置されている
案内標識を確かめながら歩こう

広大な平城宮跡と歴史深い古刹を巡る

世界遺産の平城宮跡を中心とするエリア。宮跡の東側を佐保路、北側や西側を佐紀路という。平城宮跡は、和銅3年(710)に藤原京から遷都された奈良の都・平城京の中枢部の遺跡。往時には天皇の住まいである内裏、国家的儀式が行われた大極殿、国の役所などが立ち並んでいた。現在は国の特別史跡として保存。東西約1.3km、南北約1kmの広大なエリアには、壮麗な第一次大極殿や、宮城の正門である朱雀門、日本庭園のルーツといわれる東院庭園などが復原されており、資料館も整備されている。くまなく歩いて往時に思いを馳せたら、平城京の時代に創建された古寺が点在する佐保路へ。法華寺には光明皇后がモデルといわれる十一面観音菩薩立像が祀られ、海龍王寺の本尊の十一面観音菩薩立像も美仏で知られている。さらに時間があれば、佐紀路に点在する古墳も訪ねたい。

おさんぼアドバイス

平城宮跡は、遠くからも目立つ第一次大極殿や朱雀門を目印にして回ろう。平坦で道も広いので歩きやすい。また、海龍王寺から北へ進むと小奈辺古墳(佐紀盾列古墳群)、大和西大寺駅から南へ進むと「西ノ京②」(→P56)へ続く。

●おすすめ季節 >>> 春 (4~5月)

④	⑤	⑥	⑦	GOAL
平城宮跡 第二次大極殿跡	平城宮跡 遺構展示館	法華寺	海龍王寺	バス停法華寺

徒歩8分

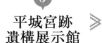

徒歩12分

徒歩8分

徒歩3分

（所要15分）　（所要30分）　（所要30分）　（所要30分）

近鉄奈良駅へは
奈良交通バス
近鉄・JR奈良駅
行きで
約15分
250円

③　④　⑤　⑥　⑦

バス停法華寺

>3km　　>4km　　>5km

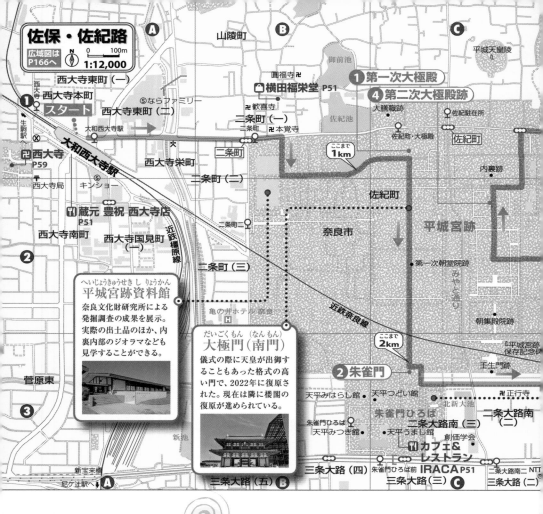

佐保・佐紀路

広域図はP166へ

0 — 100m
1:12,000

- **A** 山陵町
- **B** 圓福寺卍
- **C** 平城天皇陵

御前池

平城天皇陵

卍横田福栄堂 P51

1 第一次大極殿
4 第二次大極殿跡

佐紀池

大膳職跡

佐紀駐在所

1 西大寺東町（一）
西大寺本町
スタート
西大寺東町（二）

Sならファミリー

歓喜寺卍
二条町（一）
二条町卍 本覚寺

佐紀町・大極殿

佐紀町

生駒駅へ 西大寺駅

大和西大寺駅

卍西大寺 P59

〒西大寺局 Sキンショー

近鉄橿原線

西大寺栄町

二条町

二条町（二）

ここまで **1km**

佐紀町

内裏跡

平城宮跡

奈良市

2
蔵元 豊祝 西大寺店 P51

西大寺南町
西大寺国見町（一）

二条町二

二条町（三）

第一次朝堂院跡

みやと通り

へいじょうきゅうせきし りょうかん
平城宮跡資料館
奈良文化財研究所による
発掘調査の成果を展示。
実際の出土品のほか、内
裏内部のジオラマなども
見学することができる。

亀の井ホテル 奈良

だいごくもん（なんもん）
大極門（南門）
儀式の際に天皇が出御す
ることもあった格式の高
い門で、2022年に復原さ
れた。現在は隣に楼閣の
復原が進められている。

近鉄奈良線

朝集殿院跡

平城宮跡
保存記念館

ここまで **2km**

2 朱雀門

壬生門跡

3

菅原東

新池

天平みはらし館 天平つどい館
北新大池

正行寺卍

朱雀門ひろば

二条大路南（三）
二条大路南（二）

新宝来橋

天平みつき館
天平みつき館

天平うまし館
創価学会

A 尼ケ辻駅へ

三条大路（五）

B

三条大路（四）
朱雀門ひろば前
IRACA P51

カフェ＆
レストラン

三条大路（三）

C

二条大路南二 NTT
三条大路（二）

平城宮跡

世界遺産

へいじょうきゅうせき

和銅3年(710)に遷都された平城京
の中心部、平城宮の遺跡。国の特
別史跡であり世界遺産にも登録され
ている。東西約1.3km、南北約1km
の広大なエリアには、復原された宮
殿建築や庭園、資料館が点在。各
みどころにはボランティアガイドが常
駐しており、詳しい説明を聞ける。

☎0742-36-8780(平城宮跡管理センター) 住奈
良市佐紀町 時見学自由(各施設は別途記載)
休無休 料無料(各施設は別途記載) MAP P48

地図内ラベル：水上池、小奈辺古墳、コナベ池、航空自衛隊、**❶**、平城宮跡・平城宮跡・歴史館、**ここまで4km**、**❻法華寺**、北法華寺町、法華寺局、法華寺北、東口酒店、法華寺北町、**❼海龍王寺**、**❺遺構展示館**、添御県神社、**ここまで5km**、法華寺町、**ここまで3km**、天皇宮法華寺神社、極楽寺、宇奈多理坐高御魂神社、見光寺、法華寺、**ゴール**、**❷**、**❸東院庭園**、的門跡、菰川橋南詰、**へいじょうきゅういざないかん 平城宮いざない館** 奈良時代と現在の平城宮跡のみどころを紹介するガイダンス施設。映像や資料を使った展示は初めて訪れた人にもおすすめ。創価学会、奈良ロイヤル、芝辻西町、北新町、**❸**、近鉄奈良駅へ、奈良市役所、市役所東、奈良市庁前、大宮橋、二条大路南一、**D**

朱雀門ひろば

朱雀門ひろばは、平城宮跡の正面玄関である朱雀門の南側一帯を整備し、2018年3月にオープンした宮跡散策の拠点施設。展示施設の平城宮いざない館、レストランやカフェが入る天平うまし館、おみやげ店などが入る天平みつき館、平城京VRシアターや展望デッキがある天平みはらし館など、多彩な施設が集まっている。

復原された全長約30mの遣唐使船も展示。天平うまし館から甲板に上がることもできる（乗船無料）

❷ 朱雀門
すざくもん
朱雀の名を冠した平城宮の正門

平城京のメインストリート、朱雀大路の北端に建てられた平城宮の正門。当時はこの門前で外国使節を送迎したほか、時には大勢で集まって歌垣を行うなどした。1998年に五間三戸の壮大な二重門が復原された。

🕐9:00〜16:30（入場は〜16:00）　🈺月曜（祝日の場合は翌日）　🈹無料　**MAP**P48C3

朱塗りの柱と白壁が美しい。大棟には金色の鴟尾がのる

❶ 第一次大極殿
だいいちじだいごくでん
奈良時代前半の国家の中枢

即位の大礼などさまざまな国家的儀式が行われた平城宮の最重要施設。9年をかけて復原工事が進められ、2010年に完成した。間口44m、奥行き20m、高さ27mの巨大な建築物で、内部も見学することができる。

🕐9:00〜16:30（入場は〜16:00）　🈺月曜（祝日の場合は翌日）　🈹無料　**MAP**P48C1

内部には天皇の玉座・高御座が復原されている

大極殿は平城宮最大の建物。平城遷都1300年祭が行われた2010年に復原された

基壇上は思いのほか高く、宮跡全体が見渡せ、東大寺大仏殿や二月堂、若草山も遠望できる

❸ 東院庭園
とういんていえん

日本庭園のルーツといわれる

平城宮の東の張り出し部にあった庭園。昭和42年（1967）に遺跡が発見され、長年の研究成果をもとに1998年に復原された。優雅な曲線を描く池を中心とする庭は、自然風景を主題とした平安時代以降における庭園の原形だという。

🕐9:00～16:30（入場は～16:00）
🈑月曜（祝日の場合は翌日）
🈵無料
MAP P49D2

池の周囲にはいくつかの建物が復原されている

❹ 第二次大極殿跡
だいにじだいごくでんあと

基壇上から宮跡全体が見渡せる

第一次大極殿が廃された後、天平17年（745）ごろに第二次大極殿が造営され、まつりごとに使われた。第一次のように建物は復原されていないが、基壇や礎石が表示されており、大きな建物があったことを実感できる。

🕐🈑🈵見学自由
MAP P48C2

観光クローズアップ

◎ 不退寺
ふたいじ

在原業平ゆかりの花の寺

平安時代の歌人・在原業平が、祖父平城上皇の御所を寺に改めたのが始まり。本尊の聖観音立像（重要文化財）は業平が理想の女性をモデルに自ら刻んだと伝わる。花の寺としても知られ、境内を四季の花が彩る。

☎080-8943-1201　🈁奈良市法蓮町517
🕐9:00～17:00　🈑無休
🈵500円（特別公開時は600円）　MAP P166C1

ボランティアスタッフによる丁寧な解説が聞ける

本堂は室町時代の再建で重要文化財

❺ 遺構展示館
いこうてんじかん

発掘状況をそのまま展示品に

発掘調査で見つかった遺構が発見された状態で保存されている上、間近で見学ができる施設。柱穴や溝などの遺構がそのまま展示されているほか、内裏、役所の復原模型などがずらりと並んでいるのも興味深い。

🕐9:00～16:30（入館は～16:00）
🈑月曜（祝日の場合は翌日）
🈵無料
MAP P49D1

⑥ 法華寺
ほっけじ

本尊のモデルは光明皇后自身

藤原不比等の邸宅跡に、娘の光明皇后が創建したと伝わる。現在の本堂は豊臣秀頼と母の淀殿の寄進。光明皇后がモデルという十一面観音菩薩立像は、例年3月下旬～4月上旬、6月上旬、10月下旬～11月上旬に開扉。

☎0742-33-2261 ⊕奈良市法華寺町882 ⊛9:00～17:00（受付は～16:30）⊛無休 ⊛本堂700円（本尊、名勝庭園公開時は特別料金）MAP P49D2

淀殿により再建された本堂

十一面観音菩薩立像

⑦ 海龍王寺
かいりゅうおうじ

山門をくぐって風情ある古刹へ

天平3年（731）、遣唐使の航海の安全を願って、光明皇后の発願で創建された。重要文化財の西金堂には高さ4mの五重小塔を、江戸時代に再建された本堂には美仏で知られる木造十一面観音菩薩立像（→P9）を安置している。

国宝に指定されている五重小塔

☎0742-33-5765 ⊕奈良市法華寺町897 ⊛9:00～16:30 ⊛8月12～17日、12月24～31日 ⊛500円（特別公開時は600円）MAP P49D2

濠が巡らされた巨大古墳群を訪ねる

平城宮跡の北東に、全長200mを超える巨大古墳が点在している。これらは佐紀盾列古墳群MAP P168C1と呼ばれ、4世紀後半から5世紀前半の築造とされる。そのうちの一つ、宇和奈辺古墳は広大な濠が周囲を取り囲む全長265mの前方後円墳。濠に沿って散策路が整備され、その西にある小奈辺古墳、さらに北にある磐之媛命陵へと続いている。初夏には磐之媛命陵の濠にカキツバタが美しく咲くなど、四季折々の風景も楽しみ。

左に見えるのが宇和奈辺古墳

おさんぽの途中に！ 立ち寄りグルメ＆ショップ

● カフェ＆レストラン IRACA
かふぇあんどれすとらん いらか

朱雀門を眺めながらランチ

「天平うまし館」（→P49）内にあり、店内からは朱雀門が見えるロケーション。シルクロードカリー1000円が人気のレストランコーナーとカフェコーナーを用意。

☎0742-93-9015 ⊕奈良市二条大路南4-6-1 ⊛レストラン11:00～16:00LO、カフェは9:30～18:30LO ⊛無休 MAP P48C3

● 蔵元 豊祝 西大寺店
くらもと ほうしゅく さいだいじてん

奈良の日本酒に舌鼓

奈良豊澤酒造の直営。豊富な日本酒と肴が揃い、毎月替わる蔵元直送の直汲み酒（無濾過生原酒など）も楽しみ。日本酒または生ビールに、おつまみが付く豊祝セット550円。

☎0742-36-0305 ⊕奈良市西大寺国見町1-1-1 大和西大寺駅構内 Time's Place Saidaiji内 ⊛14:00～22:00 ⊛無休 MAP P48A1

▲ 横田福栄堂
よこたふくえいどう

奈良らしいお菓子が揃う

名物の鹿サブレ8枚864円はバター風味とサクサクした食感が楽しめる。ほかに、きな粉と黒蜜をかけて食べる吉野風詩くず餅864円など奈良の素材にこだわった商品も。

☎0742-33-0418 ⊕奈良市二条町1-3-17 ⊛9:00～17:00 ⊛日曜 MAP P48B1

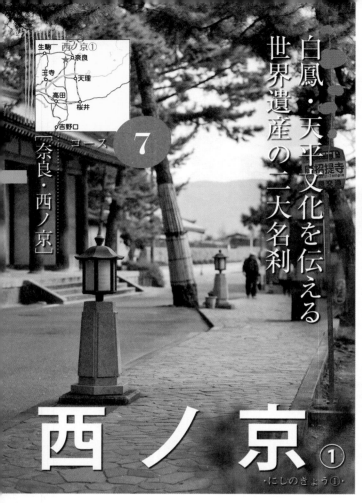

コース **7**

【奈良・西ノ京】

白鳳・天平文化を伝える世界遺産の二大名刹

西ノ京①

・にしのきょう①・

●歩く時間 >>>
約**1時間23分**

●歩く距離 >>>
約**4.5km**

●おすすめ季節 >>>
夏🍃(6~8月)

平城京の西部、かつての右京の地に広がる田園地帯・西ノ京の世界遺産を巡る。近鉄西ノ京駅から、まずは白鳳伽藍が美しい薬師寺を拝観し、期間が合えば三蔵法師ゆかりの玄奘三蔵院伽藍へ。「歴史の道」を北に向かうと、鑑真和上創建の唐招提寺がある。境内は静寂に包まれ、和上が眠る御廟付近はひときわ厳かだ。

(おさんぽアドバイス)

薬師寺と唐招提寺を結ぶ歴史の道は、意外と交通量が多いので注意。帰りの秋篠川沿いの道はゆっくり散歩しよう。

半日コース **START**

西ノ京駅 ≫ ① 薬師寺 ≫ ② 玄奘三蔵院伽藍 ≫ ③ 唐招提寺 ≫ ④ 鑑真和上御廟 ≫ **GOAL** 西ノ京駅

※特別公開時のみ拝観可

近鉄奈良駅から近鉄奈良線で約5分、大和西大寺駅で乗り換え、近鉄橿原線で4分
300円

徒歩15分 (所要30分)

徒歩1分 (所要5分)

徒歩15分 (所要30分)

徒歩6分 (所要10分)

徒歩46分

近鉄奈良駅へは近鉄橿原線で4分、大和西大寺駅で乗り換え、近鉄奈良線で約5分
300円

160m >
80m >
高低差 0m >

 西ノ京駅

距離 > **1km** > **2km** > **3km** > **4km**

西ノ京駅

西ノ京①

広域図は P166へ

N 1:10,000

0 100m

Ⓐ 尼辻西町

Ⓑ 尼ケ辻駅 →大和西大寺駅へ

Ⓒ 三条大路五 ←三条大路五 ココス

都橋

西ノ京 ② 大和西大寺 P57

尼ケ辻

西ノ京 ①

P57

尼辻中町

都跡小 ⊗ 都跡小

四条大路（五） ・JA

南新池

❶

卍乗明寺 平松（一）

🜨 皇大神社

🔲 垂仁天皇陵 P58

つり池

蓮性寺 西音寺橋

聖橋

尼辻南町

尼辻町 南新町

五条（一）

平松（二）

④ 鑑真和上御廟

御影堂

唐招提寺橋 四条池

③ 唐招提寺

講堂 鼓楼 宝蔵 新宝蔵

金堂 経蔵

ここまで 2km

唐招提寺

唐招提寺東口 都跡公民館

❷

卍西方院

近鉄橿原線

新池

下極楽橋

🏠 西ノ京みやげ処 きとら P55

五条町

奈良市

📷📍 のどかふぇ P55

五条（二）

卍養天満宮

歴史の道

🍜 蕎麦切り よしむら P55

出垣内橋

六条東町

薬師寺

❸

西ノ京駅

② 玄奘三蔵院伽藍 ※特別公開時のみ拝観可

西ノ京町

スタート ゴール

ここまで 1km

🔲 お写経道場

薬師寺東口

薬師寺東口

卍西ノ京局

東僧坊 大講堂

① 薬師寺

ここまで 3km

六条（一）

・誠美堂

金堂

西塔 ・東塔 観音池 東院堂

三蔵庵

ここまで 4km

下堂橋

七条（二）

本家寿吉屋

孫太郎稲荷神社 休ヶ岡八幡宮

秋篠川 あきしのがわ

大池

六条町

薬師寺駐車場

西の京病院

🏥 西の京病院

⊕ メディカルプラザ 薬師西の京

七条（一）

天満神社

城戸橋

七条東町 七条町

Ⓐ Ⓑ ←九条駅へ Ⓒ

大池 おおいけ

春は桜が美しい池の向こう岸には東西の塔が並び立つ薬師寺の伽藍。写真に収めようと多くの人がカメラを持って訪れる場所だ。

秋篠川 あきしのがわ

奈良市内を南へ流れる秋篠川。特に西ノ京周辺は水の流れと同じように穏やかな場所なので、川岸をゆっくり散策できそう。

53

本尊薬師三尊像を安置する金堂。
昭和51年（1976）に復興された

❶ 薬師寺 世界遺産
やくしじ

壮麗な白鳳伽藍に目を奪われる

7世紀後半、天武天皇が皇后（後の持統天皇）の病気回復を祈り、建立を発願。飛鳥に創建され、平城遷都に伴い、現在地に移った。創建時の建物は、2021年に全面解体修理が完了し、美しくよみがえった国宝の東塔が現存。昭和から平成にかけて金堂や西塔、大講堂などが白鳳様式で次々に復興された。国宝である本尊の薬師三尊像をはじめ仏像の名品も多数所蔵する。

☎0742-33-6001　🏠奈良市西ノ京町457
🕘9:00～17:00（受付～16:30）　休無休
🎫1000円　MAP P53B4

平城京最古級の建造物である東塔は、三重塔だが各層に飾り屋根（裳階）が付く独自の形式。大小の屋根のバランスが美しい

❷ 玄奘三蔵院伽藍
げんじょうさんぞういんがらん

玄奘三蔵の遺徳を伝える

薬師寺境内の北端に位置。薬師寺の宗派である法相宗の祖で、『西遊記』のモデルである玄奘三蔵（三蔵法師）の遺徳を偲ぶため、1991年に造営された。大唐西域壁画殿では、平山郁夫画伯がシルクロードを描いた大作を見ることができる。

玄奘三蔵の舎利（遺骨）と像を祀る玄奘塔。この背後に大唐西域壁画殿がある

> ※薬師寺のデータに準じる。玄奘三蔵院伽藍は特別公開時のみ拝観可（別途特別拝観料が必要）

知恵や慈悲の象徴とされ、仏教と深い関わりのあるハスの花。6月下旬～8月中旬が見ごろ

8世紀後半に建てられた金堂は、現存する奈良時代の最大の建物

④ 鑑真和上御廟
がんじんわじょうごびょう

凛とした高僧の廟所

唐招提寺境内の北東の静かな場所にある鑑真和上のお墓。緑に包まれた円形の土壇上に宝篋印塔が立つ。鑑真和上は5回渡航に失敗し、失明しながらも、正しい仏教を伝えるべく、唐から来日した。お参りしてその遺徳を偲びたい。
※唐招提寺のデータに準じる

一帯には厳かな空気が漂う

③ 唐招提寺 世界遺産
とうしょうだいじ

貴重な天平建築が並び立つ

唐の高僧、鑑真和上が天平宝字3年（759）に創建。以後、大火などに見舞われることがなかったため、緑豊かな境内には、金堂をはじめ貴重な奈良時代の建物が4棟も現存する。本尊の盧舎那仏坐像、千手観音立像（→P8）など優れた仏像も多数拝観できる。

開山堂には、国宝の鑑真和上坐像を忠実に再現した鑑真和上お身代り像が安置されている

☎0742-33-7900　⊕奈良市五条町13-46　⏰8:30〜17:00（受付は〜16:30）　休無休　料1000円、新宝蔵は別途200円
MAP P53B2

おさんぽの途中に！　　立ち寄りグルメ＆ショップ

蕎麦切り よしむら
そばきり よしむら

こだわりの十割そばが評判

自家挽きの国内産そば粉を使い、丁寧に手打ちする十割そばの店。風味のよい細切りのざるそば950円はのど越しがよく、厳選したカツオや昆布で作るツユとの相性も抜群。

☎0742-36-0520
⊕奈良市五条町9-37　⏰11:00〜14:30ごろ（売り切れ次第終了）
休木曜、第2水曜　MAP P53B3

のどかふぇ
のどかふぇ

素材自慢のランチが人気

唐招提寺に近い県道沿いのカフェ。日替わりランチ「かふぇごはん」1300円は契約農家による特別栽培米のご飯と旬の野菜を使った多彩な料理がずらり。未就学児は入店不可。

☎0742-33-0910
⊕奈良市五条町162-2
⏰11:00〜16:30（ランチは〜14:00）
休水・木曜　MAP P53C2

西の京みやげ処きとら
にしのきょうみやげどころきとら

奈良のおみやげが勢揃い

奈良ならではの地酒や雑貨、菓子などを豊富に品揃え。イートインスペースがあり、地元の植村牧場の牛乳を使った人気のミルクソフトクリームや軽食などが味わえる。

☎0742-35-3324
⊕奈良市五条町396
⏰10:00〜16:30
休不定休　MAP P53B2

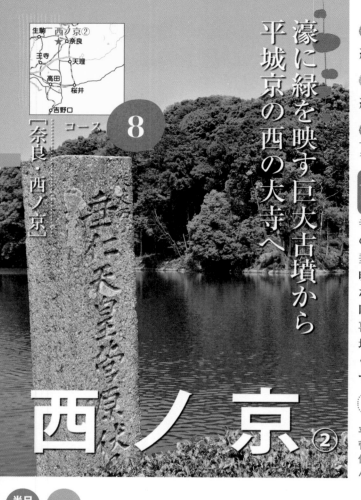

濠に緑を映す巨大古墳から
平城京の西の大寺へ

西ノ京 ②

歩く時間 >>>
約**1**時間**5**分

歩く距離 >>>
約**3.3**km

おすすめ季節 >>>
夏 🍃（6〜8月）

西 ノ京の北部、近鉄尼ヶ辻駅付近には、古墳や寺社などが点在している。のどかな田園地帯に広がる垂仁天皇陵は、水面に緑が映る濠に囲まれ散策にぴったりの場所。ここから北へ向かい、僧・行基ゆかりの喜光寺、菅原道真公の生誕地とされる菅原天満宮、多くの寺宝を伝える西大寺まで足を延ばそう。

おさんぽアドバイス

平坦な道が続くので歩きやすい。菅原天満宮から西大寺までは、住宅地の中をほぼ真っすぐに進んでいけばよい。

半日コース　**START**

① ② ③ ④ **GOAL**

尼ヶ辻駅 ≫ 垂仁天皇陵 ≫ 喜光寺 ≫ 菅原天満宮 ≫ 西大寺 ≫ 大和西大寺駅

近鉄奈良駅から近鉄奈良線で約5分、大和西大寺駅乗換え、近鉄橿原線で2分 240円

徒歩14分 （所要10分）

徒歩22分 （所要20分）

徒歩3分 （所要15分）

徒歩16分 （所要40分）

徒歩10分

近鉄奈良駅へは近鉄奈良線で約5分 240円

200m
100m
高低差 0m

尼ヶ辻駅　① ② ③ ④ 西大寺駅 大和

距離 >1km >2km >3km

西大寺野神町
(一)

西大寺野神緑地

A

ガトー・ド・ボワ本店
P59

西大寺
新田町   西大寺小坊町

生駒駅へ

B   西大寺本町

C   西大寺東町

西大寺東駅

大和西大寺駅

大和西大寺駅

西大寺栄町
(二)

Time's Place Saidaiji
P59

●1

二条町
(二)

西大寺野神町
(二)

④ 西大寺

しゃくらくじんじゃ
石落神社
西大寺の鎮守社として仁
治3年(1242)に祀られた。
見世棚造の小社殿として
は歴史が古く、奈良市の指
定文化財となっている。

ここまで
3km

西大寺局

伏見

ゴール

キンショー

近鉄奈良線

●2

二条町
(三)

近鉄奈良駅へ

西大寺芝町
(一)

西大寺南町

西大寺国見町
(一)

本教寺 卍

奈良大附属幼稚園

●2

二条大路南
(五)

卍 西大寺セントラルクリニック

青野町

伏見 ✕

西大寺
国見町
(二)

三条池

近鉄橿原線

新池

伏見小学校

奈良市

菅原町

ここまで
2km

③ 菅原天満宮

菅原天満宮

菅原東(一)

西大寺
国見町
(三)

本照寺 卍

② 喜光寺

西蓮寺 卍

菅原

新宝来橋

宝来橋

尼ヶ辻橋

③

常楽寺 卍

三条大路
(五)

蓬莱神社
P58

宝来
(三)

阪奈菅原

宝来(一)

尼辻北町

卍 西圓寺

宝来
(二)

宝来東町

きなこだんご たまうさぎ P59

尼ヶ辻駅

都橋

聖橋

宝来三丁目

暗越奈良街道

宝来局

尼
ヶ
辻
駅

スタート

都跡小

くらがりごえならかいどう
暗越奈良街道
奈良と大阪を結ぶ旧街
道。街道はこのY字路か
ら左へ続き、右の細い道
を500mほど行くと蓬莱
神社へ到着する。

① 垂仁天皇陵

尼辻西町

〒

平松
(一)

卍 皇大神社

ここまで
1km

田道間守墓

尼辻中町

西ノ京

② 大和西大寺

尼辻

西ノ京

P53

④

C

平松
(三)

五条(一)

B   西ノ京駅へ

尼辻南町

四条大路
(五)

A

57

周濠を含めると全長330mになる巨大古墳

❶ 垂仁天皇陵
すいにんてんのうりょう

田道間守の伝説が残る

第11代垂仁天皇の陵とされる全長227mの前方後円墳。濠には田道間守の墓という小島が浮かぶ。田道間守は垂仁天皇の命を受けて、常世国から不老不死の果実を持ち帰ったが、天皇はすでに亡く、悲嘆にくれて死んだという。

田道間守の墓。果実の非時香菓（ときじくのかぐのみ）を探したという伝説から、お菓子の神様として崇拝される

☎0744-22-3338（畝傍陵墓監区事務所）
🏠奈良市尼辻西町　時休料参拝自由
MAP P57B4

陵の南側に設けられている拝所

歩きたい 散 歩 道

蓬莱神社を見守る
幸せを運ぶ"笑う狛犬"

暗越奈良街道を西へ進み、集落の中を歩くと見えてくる蓬莱（ほうらい）神社MAP P168B2）には、4体の笑う狛犬がいる。鳥居の前の2体は、口を大きく開けて笑う像とニヤリと微笑む像。さらに奥へ進むと、本殿右手の小祠の扉前でもう一対が出迎える。東大寺の金剛力士像のごとく阿吽の対をなし、古えより神の使いとされてきた狛犬。この神社では、微笑みを浮かべて幸せを運んでいるのかも。

守護獣として神社を見守る

❷ 喜光寺
きこうじ

ハスの花が彩る"行基さんのお寺"

民衆に慕われた奈良時代の高僧・行基が養老5年（721）に創建。重文の本堂は、行基が東大寺大仏殿に先立って建立したという伝承から、「試みの大仏殿」と呼ばれている。ハスの名所として知られ、6月下旬〜7月下旬に約80種・250鉢が咲き誇る。

☎0742-45-4630　🏠奈良市菅原町508　時9:00〜16:00（7月の土・日曜、祝日は7:00〜）
休無休　料500円　MAP P57A3

夏にはハスが咲き誇る

室町時代の再建ながら、創建当時の面影をよく残す本堂

2月上旬〜3月上旬は梅が咲き誇る

❸ 菅原天満宮
すがわらてんまんぐう

菅原道真公の誕生の地

菅原氏の発祥地で、菅原道真公の生誕地と伝わる日本最古の天満宮。ご祭神は菅原氏の祖神である天穂日命、野見宿禰命、菅原道真公の3柱。神社の東約100mには道真公の産湯池と伝わる遺跡がある。梅の時期には盆梅展を開催。

☎0742-45-3576 ●奈良市菅原東1-15-1 ●●●境内自由（盆梅展期間は500円） ●P57A3

江戸時代後期の大規模仏堂建築の代表作として、国の重要文化財になっている本堂

❹ 西大寺
さいだいじ

平城京の西の大寺

東大寺に対する西の大寺として称徳天皇が奈良時代に創建し、その後時代を経て、鎌倉時代に叡尊上人が復興。本堂の本尊釈迦如来像や文殊菩薩騎獅像、四王堂の十一面観音像と四天王像、愛染堂の愛染明王像、叡尊上人坐像など、多くの寺宝を伝える。

四天王像を安置する四王堂

☎0742-45-4700 ●奈良市西大寺芝町1-1-5 ●8:30〜16:30 ●無休 ●800円（本堂・四王堂・愛染堂共通） ●P57B1

おさんぽの途中に！ 立ち寄りグルメ＆ショップ

☕ ガトー・ド・ボワ本店
がとー・ど・ぼわほんてん

世界一に輝いたスイーツ

世界最高峰の洋菓子コンクールで日本人初優勝を果たした林雅彦氏の店。受賞作のアンブロワジー897円（イートイン913円）など珠玉のケーキが揃う。

☎0742-48-4545 ●奈良市西大寺南町1-19-101 ●10:00〜18:00（喫茶は12:00〜17:00LO、土・日曜、祝日は10:00〜） ●木曜（その他臨時休業あり） ●P57B1

🏠 Time's Place Saidaiji
たいむず ぷれいす さいだいじ

駅ナカのショッピングモール

奈良の定番みやげから人気のスイーツ、呑み処まで揃う。電車を眺めながら食事できる眺望ダイニングスペース「VIEW TERRACE（ビュー・テラス）」も完備。

☎0742-32-5811 ●奈良市西大寺国見町1-1-1 大和西大寺駅構内 ●店舗により異なる ●無休 ●P57B1

🏠 きなこだんご たまうさぎ
きなこだんご たまうさぎ

地元で人気の香ばしい団子

国内産の米を使い、秘伝の蜜と香ばしいきなこがたっぷりかかっただんごは軟らかくてしっとり。きなこだんご1本100円（10本入り1000円）。売り切れ次第終了なので早めに。

☎0742-41-6610 ●奈良市尼辻西町6-4 エスポアール尼ヶ辻1F ●9:00〜18:00 ●月・火曜（祝日の場合は営業） ●P57B3

天石立神社

[奈良・西ノ京]

コース **9**

山間の静けさに包まれた
剣豪たちの里を歩く

柳生の里
・やぎゅうのさと・

● 歩く時間 >>>
約1時間25分

● 歩く距離 >>>
約4.6km

● おすすめ季節 >>>
秋🍁（10～11月）

江戸時代に徳川将軍家の剣術指南役を務めた柳生一族の故郷。柳生十兵衛や柳生宗矩（やぎゅうむねのり）など、時代劇おなじみの剣豪たちゆかりのみどころが、静かな山間の里にたたずむ。里のシンボル・十兵衛杉をはじめ、豪壮な石垣の上に立つ旧柳生藩家老屋敷や代々の菩提所である芳徳寺、天狗伝説が残る一刀石などを巡ろう。

おさんぽアドバイス

小さな里なので、みどころが集まっていて歩きやすいが急な坂道も多い。バスの便数が少ないので事前に確認しておこう。

半日コース **START**

バス停柳生

近鉄奈良駅から奈良交通バス石打・邑地中村・柳生行きで48分1110円

徒歩9分

1 十兵衛杉

（所要10分）

徒歩10分

2 旧柳生藩家老屋敷

（所要20分）

徒歩18分

3 芳徳寺

（所要20分）

徒歩15分

4 一刀石

（所要10分）

徒歩33分

GOAL

バス停柳生

近鉄奈良駅へは奈良交通バス近鉄・JR奈良駅（西口）行きで45分1110円

400m

200m

高低差 0m

バス停柳生

1　**2**　**3**　**4**

距離 >1km　>2km　>3km　>4km

バス停柳生

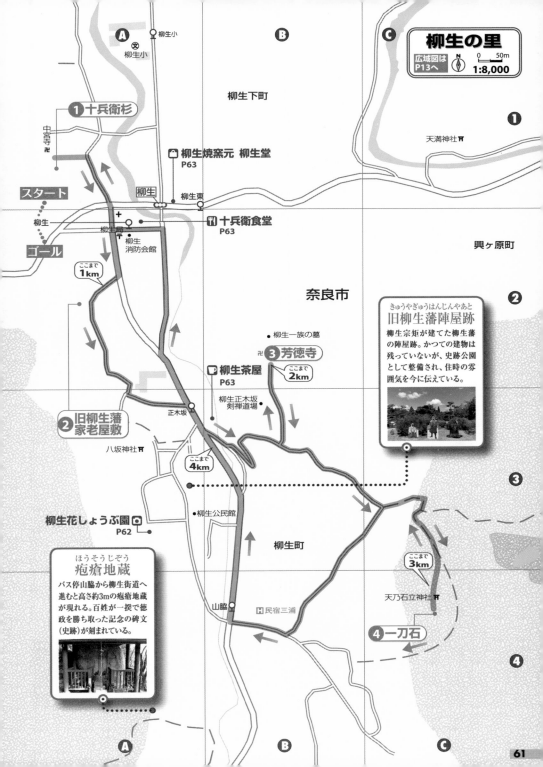

柳生の里

広域図は
P13へ

0   50m
N
1:8,000

Ⓐ
柳生小
⊗ 柳生小

Ⓑ

Ⓒ

Ⓞ

柳生下町

天満神社 ⛩

1 十兵衛杉

中宮寺 卍

☖ 柳生焼窯元 柳生堂
P63

スタート

柳生

柳生 ⊕
柳生局
柳生東

ゴール

柳生消防会館

┃🍴 十兵衛食堂
P63

興ヶ原町

ここまで
1km

Ⓐ

奈良市

きゅうやぎゅうはんじんやあと
旧柳生藩陣屋跡
柳生宗矩が建てた柳生藩
の陣屋跡。かつての建物は
残っていないが、史跡公園
として整備され、往時の雰
囲気を今に伝えている。

• 柳生一族の墓

3 芳徳寺

☖ 柳生茶屋
P63

ここまで
2km

柳生正木坂
剣禅道場

**2 旧柳生藩
家老屋敷**

正木坂

八坂神社 ⛩

ここまで
4km

Ⓒ

柳生花しょうぶ園 📷
P62

• 柳生公民館

ここまで
3km

柳生町

天乃石立神社 ⛩

ほうそうじぞう
疱瘡地蔵
バス停山脇から柳生街道へ
進むと高さ約3mの疱瘡地蔵
が現れる。百姓が一揆で徳
政を勝ち取った記念の碑文
(史跡)が刻まれている。

山脇

Ⓗ 民宿三浦

4 一刀石

Ⓐ

Ⓑ

Ⓒ

Ⓞ

61

観光クローズアップ

◎ 柳生花しょうぶ園
やぎゅうはなしょうぶえん

山間の里に咲く美しい花菖蒲

約1万m²の広大な土地に、約80万株450種もの菖蒲が群生している。開園する6月中（開花状況により変動あり）に咲き誇る色とりどりの花々は、葉の緑とのコントラストが印象的で、梅雨空に映えて美しい。

☎0742-94-0858（期間中のみ）
🏠奈良市柳生町403
🕐9:00～16:00 🈺開園期間中は無休 🈯650円 MAP P61A3

日本情緒を味わえる菖蒲。6月中旬からはアジサイもみごろ

① 十兵衛杉
じゅうべえすぎ

里を見下ろす柳生のシンボル

小高い丘の麓にそびえる樹齢約350年の老杉で、柳生十兵衛が隠密として諸国漫遊の旅に出る際に、先祖の墓地に植えたといわれる。昭和48年（1973）に、2度の落雷を受けて立ち枯れたが、死してなお堂々と立ち尽くす様は、まさに柳生の里のシンボル。

☎0742-94-0002（柳生観光協会）🕐🈺見学自由
MAP P61A1

一面のどかな風景

立ち枯れた杉が力強くたたずむ景観は迫力満点

② 旧柳生藩家老屋敷
きゅうやぎゅうはんかろうやしき

柳生家の歴史を物語る旧邸

柳生藩の財政立て直しを行った家老・小山田主鈴の屋敷跡。豪壮な石垣は、天保12年（1841）に尾張石工によって築かれたもの。昭和39年（1964）に作家・山岡荘八氏の所有となり、柳生宗矩を主人公にした小説『春の坂道』の構想を練ったという。現在は資料館に。

☎0742-94-0002（柳生観光協会）🏠奈良市柳生町155-1
🕐9:00～17:00（入館は～16:30）🈺無休 🈯350円
MAP P61A2

山岡荘八の『春の坂道』は昭和46年（1971）にテレビドラマとなったが、その構想を練ったという屋敷も大きな注目を集めた

尾張の石工による豪壮な石垣が今もなお残されている

主屋の座敷から風流な庭を望む

高台に位置しており、柳生の里を見守っている

❸ 芳徳寺
ほうとくじ

柳生家代々の魂が眠る寺

代々徳川家に仕え、万石の大名に列した柳生家の菩提寺。寛永15年(1638)、柳生宗矩が亡父・石舟斎(宗厳)を供養するため、沢庵和尚を開山として創建した。本堂には柳生宗矩坐像や沢庵和尚坐像、釈迦如来坐像を安置。また、北側には柳生家歴代の墓が立ち並ぶ。

本堂背後の墓所には木々に囲まれて柳生一族の墓がある

☎0742-94-0204
🏠奈良市柳生下町445
🕐9:00〜16:30　🅿無休
💴200円
MAP P61B2

❹ 一刀石
いっとうせき

石舟斎が切った!?巨石

天乃石立神社の奥にある四方約7mの巨石。中央に入った大きな亀裂は、柳生石舟斎(宗厳)が修行中に天狗と対決し、刀をふるった際についたという伝説が残る。大きな石が転がるこの一帯は、柳生一族の鍛錬の場だったという。

☎0742-94-0002(柳生観光協会)
🕐休🅿見学自由
MAP P61C4

伝説を今に残す巨石。亀裂を見ると見事なまでに真っ二つに裂いている

おさんぽの途中に!　# 立ち寄りグルメ＆ショップ

☕ 柳生茶屋
やぎゅうちゃや

柳生の新しい観光拠点

長年親しまれ2015年に閉店した「柳生茶屋」を、観光案内所とカフェを兼ねた交流拠点として2016年にリニューアルオープン。ざる蕎麦朴葉寿司セット800円などでくつろげる。

☎090-3925-3052
🏠奈良市柳生町359-3
🕐11:00〜16:00
🅿不定休　MAP P61B3

🍴 十兵衛食堂
じゅうべえしょくどう

山里らしい素朴な食事処

どこか懐かしい店内の雰囲気。おすすめメニューは柳生家の家紋・二蓋笠をかたどったシイタケ入りの十兵衛うどん700円。山菜定食やとろろ定食各1200円なども味わえる。

☎0742-94-0500
🏠奈良市柳生町83-3
🕐11:00〜15:30　🅿平日は不定期営業(要問合せ)　MAP P61A2

🏠 柳生焼窯元 柳生堂
やぎゅうやきかまもとやぎゅうどう

里の自然が表現された焼物

日常食器から茶道具まで、さまざまな美術工芸品を制作。湯呑みや一輪挿しは3000円〜で、青磁草花文壷50万円(写真)なども。陶芸体験3000円(要予約)もできる。

☎0742-94-0039
🏠奈良市柳生下町246
🕐9:00〜17:00
🅿不定休　MAP P61A1

コース **10**

［奈良・西ノ京］

柳生の剣豪たちも通った
石畳の古道を歩く

柳生街道

・やぎゅうかいどう・

●歩く時間 >>>
約**3時間20分**

●歩く距離 >>>
約**10.0km**

●おすすめ季節 >>>
秋🍁（10~11月）

柳生の里と奈良市街を結ぶ柳生街道は、かつて剣豪たちが行き来した往時の雰囲気が楽しめる人気のルート。柳生の里を後にしたら、街道沿いに立つ古寺・円成寺から高畑町までは約3時間20分の道程だ。坂道が続く山道には石仏が点在し、茶畑が広がる集落や渓流に沿った石畳の道など、古道の風情が郷愁を誘う。

（おさんぽアドバイス）

円成寺から市街地までのハイキングコース。急な下り坂や湿った石畳で滑らないように、履き慣れた靴で歩きたい。

1日コース START🚌 → ① 円成寺 → ② 地獄谷石窟仏 → ③ 首切り地蔵 → ④ 夕日観音 → GOAL🚌 バス停破石町

バス停忍辱山

近鉄奈良駅
からは
奈良交通バス
石打・邑地中村・
柳生行きで
27分
750円

徒歩
1
分

円成寺

（所要40分）

徒歩
120
分

地獄谷
石窟仏

（所要10分）

徒歩
16
分

首切り地蔵

（所要10分）

徒歩
18
分

夕日観音

（所要10分）

徒歩
44
分

近鉄奈良駅へは
奈良交通バス
市内循環・
内回りで
8分
250円

800m
400m
高低差 0m

① バス停忍辱山
② ③
④
破石町 バス停

距離 >1km >2km >3km >4km >5km >6km >7km >8km >9km >10km

楼門前に広がる浄土式庭園。紅葉の時期はとりわけ美しい

❷ 地獄谷石窟仏
じごくだにせっくつぶつ

春日山の代表的石窟仏

奈良時代後期に造られたといわれる凝灰岩層をくり抜いた洞（石窟）の奥に仏像が線刻されている。中央に毘盧遮那仏（釈迦如来）、右に十一面観音、左に薬師如来像。向かって右の壁には、妙見菩薩坐像なども刻まれている。

☎0742-53-1500（近畿中国森林管理局奈良森林管理事務所）　🚇奈良市高畑町
🕐休🎫拝観自由　🗺P66C3

長い年月が経った今も堂々たる姿。国史跡に指定されている

❶ 円成寺
えんじょうじ

柳生街道沿いで随一の名刹

境内に入ると、平安末期に造られたといわれる美しい浄土式庭園が広がっており、一段高い所に堂塔が立つ。本堂には定朝様式の本尊阿弥陀如来坐像、四天王立像などを安置。相應殿には大仏師の運慶が青年期に刻んだという大日如来坐像（→P8）を祀っている。

春日堂・白山堂は日本で最も古い春日造社殿として、国宝に指定されている

☎0742-93-0353
🚇奈良市忍辱山町1273
🕐9:00〜17:00　休無休
🎫500円　🗺P67F1

おさんぽの途中に！ 立ち寄りグルメ＆ショップ

🍵 GELATERIA FIORE
じぇらてりあ ふぃおれ

至福のイタリアンジェラート

春は奈良産イチゴ、秋は和栗など、季節によってさまざまなテイストのイタリアンジェラートが味わえる。シングル600円〜、ダブル800円〜。アンティーク調の器もかわいい。

☎0742-93-7866　🚇奈良市高畑町464　🕐11:00〜17:00（食事は〜15:00LO）　休水曜（その他不定休あり）　🗺P66A3

🍴 お食事処里
おしょくじどころさと

山の恵みたっぷりの味

円成寺に隣接する風情豊かな食事処。食事はもちろん甘味もいただける。季節の食材を使った里定食2000円（季節により価格変更あり）は、ボリューム満点。予約可。

☎0742-93-0671
🚇奈良市忍辱山町1273
🕐11:00〜14:00（13:30LO）
休水曜　🗺P67F1

🏠 空気ケーキ。
くうきけーき。

ふわふわ新食感のケーキ

看板メニューの空気ケーキ216円は、軟らかいカステラ生地にクリームと小豆がサンドされており、とろける食感が魅力。1日100個限定販売なのでお早めに。電話予約可。

☎0742-27-2828　🚇奈良市高畑町738-2　🕐9:00〜18:00（カフェ10:00〜17:00LO）　休火・水曜（祝日の場合は営業）　🗺P66A3

柳生街道

広域図はP13へ

N 0 200m

1:27,000

三笠温泉郷

① 川上町　中ノ川町

正倉院

東大寺 卍

卍 二月堂 P26

奈良奥山ドライブウェイ

□ 若草山 P32

卍 大仏殿 P26

春日山原始林

寝仏（ねぼとけ）
四方仏の一部が転がり落ち、仏様が寝転んだ状態になっているのがその名前の由来。ひと味違った仏さまもいいかも。

朝日観音（あさひかんのん）
東に面しているため、朝日がよく映えてとても美しい。3つ並んで彫られた仏像は、ぜひとも朝に拝みたいところ。

東大寺大仏殿・国立博物館

②

奈良春日野国際フォーラム甍

春日野町
奈良公園

東大寺大仏殿・春日大社前

東大寺大仏殿

春日大社本殿

能登川沿いの道（のとがわぞいみち）
夕日観音を通り過ぎると、風の揺らす葉音や能登川のせせらぎが聞こえる自然豊かで気持ちのいい道にさしかかる。

奈良市

花山

春日大社表参道

春日大社 P29

□ 空気ケーキ。 P65

高畑町

ここまで 10km

破石町

□ 奈良学園セミナーハウス

志賀直哉旧居 P36

□ 春日山石窟仏 P66

ゴール

高畑町

ここまで 9km

能登川

④ 夕日観音

③

幸町

高畑町

□ GELATERIA FIORE P65

ここまで 8km

□ 滝坂三体地蔵 P67

③ 首切り地蔵

高畑住宅

東紀寺 ③

卍 新薬師寺 P37

白毫寺町

ここまで 7km

② 地獄谷石窟仏

卍 白毫寺 P37

□ 白毫寺

---

③ 首切り地蔵

くびきりじぞう

道しるべでもある地蔵さま

首の部分に横一文字に切られたような跡があるのが印象的

剣豪の荒木又右衛門が試し斬りをしたという伝説がある、鎌倉時代作といわれる地蔵菩薩。高さ約1.8mと大きく、道の分岐点に立つことから、街道の標識的な役割を果たしてきた。近くに休憩所とトイレがある。

☎ 0742-22-0375
（奈良公園事務所）
🏠 奈良市春日野町
時休料 拝観自由
MAP P66C3

観光クローズアップ

◎ 春日山石窟仏

かすがやませっくつぶつ

険しい坂の先にある石仏

御蓋山から芳山へと続く春日山信仰に由来して、滝坂の道には石仏が点在している。春日山石窟仏は、石切峠の近くにあり、石切峠の穴仏とも呼ばれる。国史跡。

☎ 0742-53-1500（近畿中国森林管理局奈良森林管理事務所）🏠 奈良市高畑町
時休料 拝観自由　MAP P66C3

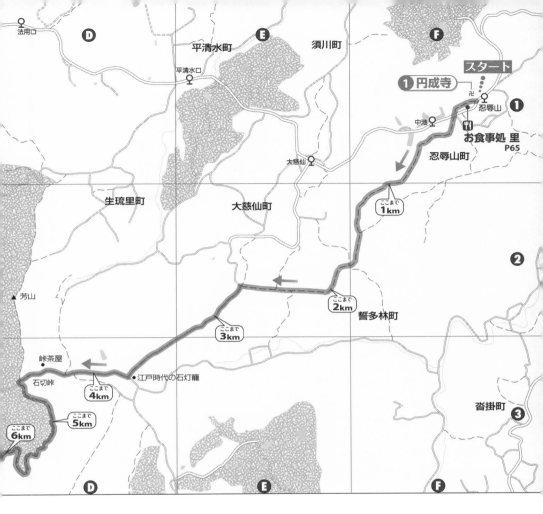

1 円成寺

法用口

D

平清水町

E

須川町

F

平清水口

忍辱山

1

中池

お食事処 里
P65

大慈仙

忍辱山町

生琉里町

大慈仙町

ここまで
1km

2

▲ 芳山

ここまで
2km

誓多林町

ここまで
3km

峠茶屋

石切峠

ここまで
4km

●江戸時代の石灯籠

沓掛町

ここまで
5km

3

ここまで
6km

D

E

F

岩自体が斜め前に傾いており、登ってくる人々を出迎えているかのよう

❹ 夕日観音
ゆうひかんのん

夕日に映える姿が神々しい

弥勒信仰の盛んだった鎌倉時代の作と伝わる弥勒仏。街道横の崖上にあり、夕日に染まると美しく浮かんで見えることから、古くから「夕日観音」と呼ばれてきた。界隈には滝坂三体地蔵や寝仏などの石仏も点在。

☎0742-22-0375
（奈良公園事務所）
🏠奈良市春日野町
⏰休料拝観自由
MAP P66B3

観光クローズアップ

◎ 滝坂三体地蔵
たきざかさんたいじぞう

時代とともに風化した石仏

夕日観音の近くにある三体地蔵は南北朝時代の作といわれる。風化が激しく、現在は荒れた岩肌に三体の地蔵菩薩の面影と足元の蓮弁のみが残っている。

☎0742-22-0375(奈良公園事務所)
🏠奈良市春日野町 　⏰休料拝観自由
MAP P66B3

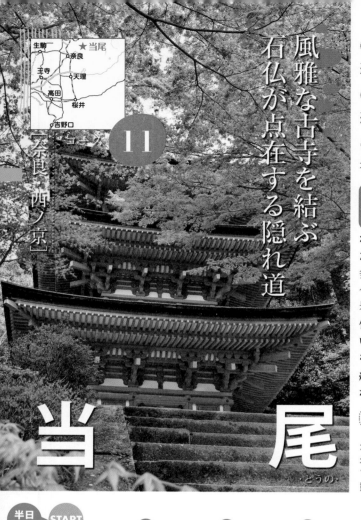

風雅な古寺を結ぶ
石仏が点在する隠れ道

［奈良・西ノ京］

★当尾

⑪

当尾
とうの

● **歩く時間** >>>
約45分

● **歩く距離** >>>
約2.0km

● **おすすめ季節** >>>
春🌸秋🍁（4~5月、10~11月）

奈良と京都の県境に位置し、豊かな自然に抱かれる里山・当尾。古くから仏たちの浄土とされ、かつては多くの寺院が建てられた。今は花の寺と呼ばれる名刹、岩船寺と浄瑠璃寺、そして修行僧によって置かれたという石仏たちが当時の名残を留めている。両寺を結ぶ約2kmの道を、石仏を巡りながら歩いてみよう。

◯ **おさんぽアドバイス** ◯

全体的になだらかなコースで、岩船寺から藪の中三尊磨崖仏までは細い山道が続く。適度の休憩と水分補給を心がけよう。

半日コース **START** 🚌
バス停岩船寺 ≫ ① 岩船寺 ≫ ② わらい仏 ≫ ③ 藪の中三尊磨崖仏 ≫ ④ 浄瑠璃寺 ≫ **GOAL** バス停浄瑠璃寺前

JR奈良駅から
JR大和路線で
14分、
加茂駅下車、
木津川市コミュニティバス
加茂山の家行きで16分
540円

徒歩1分（所要40分）

徒歩14分（所要10分）

徒歩19分（所要10分）

徒歩7分（所要40分）

徒歩2分

JR奈良駅へは木津川市コミュニティバス加茂駅東口行きで22分、終点下車、JR加茂駅からJR大和路線で14分 640円
※春・秋の土・日曜、祝日のみ近鉄奈良駅・JR奈良駅へのバス（お茶の京都 木津川古寺巡礼バス）が運行

300m >
150m >
高低差0m >

① 岩船寺　バス停
②
③ バス停 浄瑠璃寺前
④

距離 > 1km
距離 > 2km

68

A **B** **C**

①

加茂町辻

木津川市

くびきりじぞう
首切地蔵
藪の中三尊磨崖仏と同じ
く弘長2年（1262）の銘が
ある。昔、処刑場に祀られ
ていたともいわれることか
ら、この名で呼ばれる。

加茂町岩船

岩船区公民館

加茂町南大門

吊り店
P71

岩船寺

スタート
①岩船寺

②

大門石仏群

一願不動
（不動明王立像）
P70

白山
神社

加茂町東小下

三体地蔵

Cafe瑠璃
P71

東小

あたご灯籠

③藪の中三尊磨崖仏

浄瑠璃寺前

みろくの辻磨崖仏

ここまで
2km

ゴール

あ志び乃店
P71

ここまで
1km

②わらい仏

④浄瑠璃寺

加茂町東小上

つぼにそん
カラスの壺二尊
「唐臼の壺」と呼ばれる
石のそばにある磨崖仏。
一つの岩の2面に阿弥陀
如来と地蔵菩薩が浮き彫
りされている

京都府
奈良県

③

東鳴川

春日神社

岩船寺口

④

東鳴川町

法用町

奈良市

A **B** **C**

昭和63年（1988）に再建された本堂に、平安時代の阿弥陀如来坐像を安置する

❶ 岩船寺
がんせんじ

多くの文化財を所蔵する古刹

天平元年（729）、聖武天皇の勅願によって創建。本尊の阿弥陀如来坐像をはじめ、室町時代に再建された三重塔、6.2mの高さを誇る十三重石塔、石室不動明王立像など、国の重要文化財が多い。梅雨時にはアジサイが咲き誇り「アジサイ寺」の別名も。

☎0774-76-3390　⊕京都府木津川市加茂町岩船上ノ門43　🕐8:30〜17:00（12〜2月が9:00〜16:00）　休無休　料500円　MAP P69C2

近年修復された朱塗りの三重塔。秋は紅葉との競演が美しい

観光クローズアップ

◎ 一願不動（不動明王立像）
いちがんふどう（ふどうみょうおうりゅうぞう）

**願いを叶えてくれる
当尾のお不動さま**

岩に彫られた不動明王で、願いを一つだけ一心にお願いすると叶えてくれるという言い伝えから、「一願不動」の名で親しまれる。両目をしっかりと見開いた厳しい表情ながら、どこか親しみを覚える当尾でも人気の仏さま。

☎0774-39-8191（木津川市観光協会）　⊕京都府木津川市加茂町岩船　🕐休料拝観自由　MAP P69B2

線刻ゆえの繊細で豊かな表情

中尊像は高さ79cm。屈んで下から見上げると、さらに笑っているように見える

❷ わらい仏

穏やかに微笑む仏さま

少し左に傾いた岩に彫られた阿弥陀三尊磨崖仏は「わらい仏」の名で親しまれ、石仏の里・当尾で最も有名な仏さまの一つ。銘から永仁7年（1299）の作とされ、700年以上にわたって穏やかな微笑みをたたえ、人々の心を癒してくれている。

隣には眠り仏が

☎0774-39-8191（木津川市観光協会）　⊕京都府木津川市加茂町岩船　🕐休料拝観自由　MAP P69B2

❸ 藪の中三尊磨崖仏
やぶのなかさんぞんまがいぶつ

当尾エリア最古の石仏

その名の如く、生い茂る竹林のそばの2個の巨石に彫られている。石像は向かって右から十一面観音立像、地蔵菩薩立像、阿弥陀如来坐像と通常とは異なる珍しい配置。弘長2年（1262）の年号が刻まれており、石仏が多いこのエリアでも最古と考えられている。

☎0774-39-8191（木津川市観光協会）　🏠京都府木津川市加茂町東小　🕐休料拝観自由

MAP P69A2

白毫を嵌めた跡が残る地蔵菩薩（中央）

浄土思想に基づいて建てられた九体阿弥陀堂の唯一の現存例

❹ 浄瑠璃寺
じょうるりじ

九体阿弥陀仏に迎えられる

国宝の本堂（阿弥陀堂）に9体の国宝の阿弥陀如来像（→P6）を安置することから「九体寺」の通称がある。中尊左の厨子に納まる吉祥天立像は、一定期間のみ公開される秘仏。本堂前には極楽浄土をイメージした浄土式庭園が広がっており、紅葉も美しい。

庭園東側に立つ三重塔も国宝に指定されている

☎0774-76-2390　🏠京都府木津川市加茂町西小札場40　🕐9:00〜17:00（12〜2月は10:00〜16:00）※最終受付は各30分前　休無休　料境内自由、本堂拝観500円　MAP P69A3

おさんぽの途中に！

立ち寄りグルメ＆ショップ

🍴 あ志び乃店
あしびのみせ

山の幸を召し上がれ

浄瑠璃寺の門前にある食事処。自家製減塩味噌や自家製野菜など、地元の安心な食材にこだわったとろろ定食1100円などの料理がいただける。四季折々の草花が美しい庭も自慢。

☎0774-76-2791　🏠京都府木津川市加茂町西小札場56　🕐10:00〜16:00　休不定休　MAP P69A3

☕ Cafe瑠璃
かふぇるり

コーヒーと音楽でリラックス

藪の中三尊磨崖仏の近く。貴重なアンティークもある蓄音器やレコードが並ぶ店内でゆったりとくつろぎながら、自家焙煎のコーヒー400円や軽食などが味わえる。

☎0774-66-6568　🏠京都府木津川市加茂町東小上谷／下10-2　🕐10:00〜17:00　休月・火曜　MAP P69A2

🛍 吊り店
つりみせ

地元農家の採れたて食材を

当尾の里のあちこちで見かける無人販売所。袋などに商品を入れて軒先に吊す吊り店は当尾が発祥だとか。地元農家が収穫した野菜や果物、自家製漬物などが売られている。購入時は料金箱にお金を入れる。1袋100円から。

🏠各所に点在　MAP P69C2

聖徳太子ゆかりの地……

いかるが
斑鳩

日本の古代史をひも解く上で誰もが知る人物、聖徳太子。
太子が活躍した時代は、まだ古代王朝としても謎の部分が多い。
日本の礎を築いた聖徳太子の足跡をたどり、飛鳥時代に触れよう。

上）聖徳太子が母のために創建した中宮寺（→P76）。かつては約500m東に位置していた　右上）聖徳太子の子、山背大兄王が父の病気回復を願って創建したと伝わる法輪寺（→P77）　右下）秋になると至るところにコスモスが咲き誇る斑鳩の里

飛鳥時代のスーパースター

推古天皇の摂政として、日本最初の成文法となる十七条の憲法を作り、家柄を問わず、優秀な人材を登用する冠位十二階を定めるなど天皇中心の国家へと日本の礎を築いた聖徳太子。しかし、その生涯についてはいまだに不明な点が多い。日本全国に太子ゆかりの地が残るが、飛鳥は当時の政治の中心で、斑鳩は太子が居住した地。なぜ太子が飛鳥から20kmも離れた斑鳩に住むことを選んだのかは諸説あるが、河川の重要地点であり、中国からの物資や文化をいち早く取り入れることができたため、ともいわれる。太子のプライベートな場所だったともいえる斑鳩には、1400年以上たった今でもゆかりの寺や遺跡が数多く残されている。

KeyWord
キーワード
▼
飛鳥の政治

日本が初めて国家として中国から認められた時、政治の中心にいて国造りをしたのが聖徳太子。ほかにはこんな人たちも活躍していた。

❖ 推古天皇 すいこてんのう

日本初の女性天皇。額田部王女が推古天皇として即位し、冠位十二階、十七条の憲法の制定、遣隋使派遣への着手など、数々の重要な制度を整えた。蘇我馬子の姪であり、聖徳太子の叔母にあたる。

❖ 蘇我馬子 そがのうまこ

当時最も力があった豪族の長。仏教信仰を主張する蘇我氏と日本古来の神を信仰する物部氏との思想対立・権力闘争に打ち勝ち、権力を掌握した。かの石舞台古墳（→P115）は、馬子の墳墓といわれている。

❖ 小野妹子 おののいもこ

隋の進んだ国家体制を取り入れようと、日本書紀に残る推古天皇15年（607）に小野妹子らが最初の遣隋使として派遣された。大国・隋と対等な関係を結ぶことに成功し、翌年に隋の使いを伴って帰国した。

まだある！ゆかりの地

1. 信貴山
しぎさん　⇒ P86

聖徳太子がこの山で戦勝祈願したところ毘沙門天が出現し、その加護で勝利できた。太子は毘沙門天を祀る寺を建て、「信ずべき、貴ぶべき山」＝信貴山と名付けたと伝わる。

2. 橘寺
たちばなでら　⇒ P114

聖徳太子が自らの生誕地に建立したと伝わる。太子殿(本堂)には本尊聖徳太子坐像を安置。春と秋に公開される聖倉殿(収蔵庫)では、太子絵伝などを拝観できる。

［奈良］

斑鳩・大和郡山

聖徳太子とゆかりの深い斑鳩。
法隆寺を中心とした仏教文化に触れる。

飛鳥時代の美仏と
聖徳太子の足跡

斑鳩の里①
いかるがのさと①

●歩く時間 >>>
約50分

●歩く距離 >>>
約2.5km

●おすすめ季節 >>>
秋🍁（9〜11月）

飛鳥時代、聖徳太子の宮殿が建てられ、仏教文化が花開いた斑鳩の里。推古天皇と聖徳太子によって創建された法隆寺は、多数の国宝を有する日本屈指の名刹だ。法隆寺の五重塔、法輪寺の三重塔、法起寺の三重塔と、斑鳩ならではの塔のある風景をたどりながら、古えの文化を物語る仏教建築や仏像を拝観しよう。

おさんぽアドバイス

田園風景の中を歩く清々しいコース。法起寺をスタートし、法隆寺経由で「斑鳩の里②」（→P78）のエリアに足を延ばしてもいい。

半日コース **START** 🚌
バス停法隆寺参道 ≫ ① 法隆寺 ≫ ② 中宮寺 ≫ ③ 法輪寺 ≫ ④ 法起寺 ≫ **GOAL** 🚌 バス停法起寺前

JR奈良駅から
JR大和路線
大和路快速で
11分、法隆寺駅
下車、奈良交通バス
法隆寺参道行きに
乗り換え8分
450円

徒歩5分
（所要90分）

徒歩12分
（所要20分）

徒歩18分
（所要20分）

徒歩14分
（所要20分）

徒歩1分

近鉄奈良駅へは
奈良交通バス
春日大社本殿
行きで
57分
800円

100m >
50m >
高低差 0m >

バス停法隆寺参道
① 法隆寺
②
③
④ バス停法起寺前

距離 >1km   >2km

三井瓦窯跡（みいがようあと）
7世紀末から8世紀初めに、法輪寺や法起寺の瓦を焼いたとされる窯で、地下式有段登窯となっている。

斑鳩神社（いかるがじんじゃ）
菅原道真公を祀る神社で地元では「天満さん」と呼ばれている。地域の産土神としても信仰されている。

スタート
ゴール

① 法隆寺
② 中宮寺
③ 法輪寺
④ 法起寺

ここまで2km
ここまで1km

北小路 P77
和CAFE 布穀薗 P77
天然石とお土産のお店 緑芽 P77
藤ノ木古墳 P81

世界最古の木造建築である西院伽藍の中門と五重塔

① 法隆寺 世界遺産
ほうりゅうじ

太子ゆかりの世界最古の木造建築

聖徳太子と推古天皇が7世紀初めに創建。西院伽藍の金堂・五重塔などは世界最古の木造建築として知られ、本尊の釈迦三尊像(→P7)は飛鳥仏の代表作。ほかにも仏教美術の傑作を多数所蔵、国宝・重文は約190件、約6400点(附指定含む)を数える。

夢殿には救世観音立像を安置

☎ 0745-75-2555 ⊕ 生駒郡斑鳩町法隆寺山内1-1 ⊕ 8:00～17:00(11月4日～2月21日は～16:30) ⊛ 無休 ⊕ 1500円(西院伽藍、大宝蔵院百済観音堂、東院伽藍共通) MAP P75A3

法隆寺に隠された
七つのミステリー
● 法隆寺の七不思議
ほうりゅうじのななふしぎ

法隆寺を訪れたら五重塔を見上げてみよう。なんと、最上部の相輪に4本の大きな鎌が刺さっている。これは諸説あるが、雷除けではといわれる。また、南大門の前には「鯛石」と呼ばれる魚の形をした大きな石が地面に埋め込まれており、水害を防ぐものともいわれる。このほかは「法隆寺の建物には蜘蛛が巣を作らず、スズメも糞をかけない」「境内の地面には雨だれの穴ができない」「夢殿の礼盤(僧侶が座る台)の裏が汗をかいている」「地下に3つの伏蔵がある」「因可(よるか)の池の蛙は片目」。参拝時に実際に確かめてみよう。

格式高い大和三門跡尼寺の一つ。伽藍は法隆寺の東院に隣接している

② 中宮寺
ちゅうぐうじ

優美な飛鳥仏を本尊に祀る

聖徳太子が、母の穴穂部間人皇后(あなほべのはしひと)の御所を寺に改めたことに始まると伝わる。本尊は国宝の菩薩半跏像(寺伝では如意輪観音)(→P5)。太子が往生した天寿国の様子を刺繍で描いた天寿国曼荼羅繍帳(拝観は複製)も必見。

☎ 0745-75-2106 ⊕ 生駒郡斑鳩町法隆寺北1-1-2 ⊕ 3月21日～9月30日が9:00～16:30(10月1日～3月20日は9:00～16:00) ⊛ 無休 ⊕ 600円 MAP P75B3

春には本堂周辺にヤマブキが咲き、景観に彩りを添える

収蔵庫を兼ねた講堂。高さ3.6mもの十一面観音菩薩立像も安置されている

斑鳩三塔の一つ、三重塔

③ 法輪寺
ほうりんじ

貴重な飛鳥仏を間近に拝観できる

山背大兄王が父の聖徳太子の病気回復を願って創建したと伝わる。当時の建物は残っていないが、講堂に飛鳥仏の本尊・薬師如来坐像や虚空蔵菩薩立像などを安置。正面だけでなく、側面や背面も間近に見ることができる。昭和50年(1975)に飛鳥様式で再建された三重塔もみどころ。

☎0745-75-2686 　⊕生駒郡斑鳩町三井1570 　◷8:00～17:00(12月～2月は～16:30) 　⊛無休 　⊕500円 　MAP P75B1

④ 法起寺 世界遺産
ほうきじ

日本最古の三重塔をコスモスが彩る

聖徳太子の岡本宮を山背大兄王が寺に改めたのが始まりという。景雲3年(706)建立の三重塔は日本に現存する最古の三重塔。屋根の数こそ違うが、法隆寺の五重塔に似た安定感のある美しい塔だ。収蔵庫には講堂の本尊で重文の十一面観音菩薩立像が祀られている。

☎0745-75-5559 　⊕生駒郡斑鳩町岡本1873 　◷8:30～17:00(11月4日～2月21日は～16:30) 　⊛無休 　⊕300円 　MAP P75C1

寺の周辺はコスモスの名所。9月下旬～10月下旬にはピンクや白の花が、古色を帯びた塔を彩る

おさんぽの途中に！ 立ち寄りグルメ＆ショップ

北小路
きたこみち

栄養満点の自家栽培野菜

田舎に帰ってきたような懐かしい店。定番メニューの北小路定食650円は自家栽培の野菜を使ったおかずなどボリューム満点で懐かしい味。コーヒー300円などのカフェメニューも。

☎0745-75-4060 　⊕生駒郡斑鳩町法隆寺北2-6-2 　◷11:30～16:00 　⊛不定休 　MAP P75B2

和CAFE 布穀薗
わかふぇ ふこくえん

お屋敷カフェで斑鳩名物を

明治期の男爵・北畠治房が晩年を過ごした屋敷の一部を改装したカフェ。メインの竜田揚げに三輪そうめんなどがセットになった斑鳩名物竜田揚げランチ1628円がおすすめ。

☎0745-44-8787 　⊕生駒郡斑鳩町法隆寺2-2-35 　◷10:00～16:00(15:45LO) 　⊛水曜(祝日の場合は営業) 　MAP P75B3

天然石とお土産のお店 緑芽
てんねんせきとおみやげのおみせ えんめ

門前のセレクトショップ

法隆寺東大門のそばにある、築80余年の商家を改装した複合施設内のショップ。パワーストーン作家が手がける天然石のアクセサリーや斑鳩みやげが豊富に揃う。

☎0745-44-9380 　⊕生駒郡斑鳩町法隆寺2-1-25 　◷11:00～16:00 　⊛火～木曜 　MAP P75B3

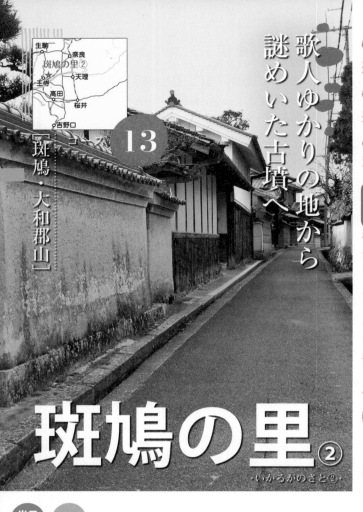

歌人ゆかりの地から
謎めいた古墳へ

斑鳩の里②
いかるがのさと②

● 歩く時間 >>>
約1時間55分
● 歩く距離 >>>
約5.7km
● おすすめ季節 >>>
秋 ❋（9~11月）

法隆寺駅前から西へ、のどかな田園風景と四季折々の花々が美しい道程を歩く。"ぽっくり往生の寺"で知られる吉田寺から、歌人・在原業平がその美しさを歌に詠んだという竜田川のほとりの遊歩道を通って、法隆寺の鎮守社・龍田神社へ。最後に、今も謎深き藤ノ木古墳を見学し、古代ロマンに浸りたい。

（おさんぽアドバイス）

県立竜田公園から藤ノ木古墳までは曲がり道が多いので地図を確認。「斑鳩の里①」（→P74）とつなげて1日コースにしてもいい。

半日コース **START**

JR法隆寺駅 ≫ 吉田寺 ≫ 県立竜田公園 ≫ 龍田神社 ≫ 藤ノ木古墳 ≫ **GOAL** バス停法隆寺前

JR奈良駅から
JR大和路線
大和路快速で
11分
230円

❶

徒歩
40
分 （所要20分）

❷

徒歩
20
分 （所要30分）

❸

徒歩
20
分 （所要15分）

❹

徒歩
18
分 （所要10分）

徒歩
17
分

近鉄奈良駅
へは
奈良交通バス
春日大社本殿
行きで
61分
880円

100m >
50m >
高低差 0m >

法隆寺駅 JR
❶ ❷ ❸ ❹ バス停法隆寺前

距離 > 1km > 2km > 3km > 4km > 5km

本堂には「大和のおおぼとけ」と呼ばれる丈六阿弥陀如来坐像が安置されている

② 県立竜田公園
けんりつたつたこうえん

変わらぬ紅葉の美しさ

百人一首をはじめ数多くの和歌に登場する竜田川畔は、古くから愛されてきた紅葉の名所。春には約300本の桜で三室山がピンクに染まることでも知られる。川沿いは美しい遊歩道の都市公園になっており県立公園に指定されている。

☎ 0745-74-6800(斑鳩町観光協会)
🏠 生駒郡斑鳩町稲葉車瀬2
時休料 散策自由　MAP P80A2

秋は美しい紅葉に覆われる

① 吉田寺
きちでんじ

ぽっくり往生で信仰を集める

『往生要集』の著者で、日本浄土教の祖である恵心僧都源信が開基。ご本尊の丈六阿弥陀如来坐像は、重要文化財指定の端正なお姿。ご本尊前でご祈祷を受けると、長患いすることなく、安らかな往生を遂げることができるという霊験がある。ご祈祷料5000円。

多宝塔には秘仏の大日如来像を安置。国の重要文化財指定

☎ 0745-74-2651
🏠 生駒郡斑鳩町小吉田1-1-23
時 9:00〜16:00
休 無休　料 300円
MAP P80B2

おさんぽの途中に！　立ち寄りグルメ＆ショップ

☕ GREEN SUN FOOD
ぐりーん さん ふーど

緑あふれる自然派カフェ

バス停法隆寺前から徒歩1分。庭の緑を眺めながら、地元野菜を使った品々が週替わりで登場する栄養満点のバランスごはん定食1000円やスイーツなどが味わえる。

☎ 0745-40-1382
🏠 生駒郡斑鳩町法隆寺1-9-33
時 11:30〜17:00(16:30LO)
休 月曜　MAP P81D1

🍴 平宗 法隆寺店
ひらそう ほうりゅうじてん

柿の葉ずしも"柿氷"も有名

奈良の郷土料理、柿の葉ずしの老舗。昼のおすすめは、柿の葉ずし5貫に三輪そうめん、日替わり小鉢やデザートが付く奈良ランチ1900円。"柿氷"(7〜9月限定)も人気。

☎ 0745-75-1110
🏠 生駒郡斑鳩町法隆寺1-8-40
時 10:00〜16:00(土・日曜、祝日は〜17:00)
休 無休　MAP P81D1

🏠 田村みたらし店
たむらみたらしてん

素朴な味わいがたまらない

厳選した米粉を使い、醤油のみでシンプルに味付けしたみたらし団子は1本80円。注文を受けてから焼いてくれるのもうれしい。店内で焼きたてを味わうこともできる。

☎ 0745-75-5450
🏠 生駒郡斑鳩町法隆寺南1-6-23
時 9:00〜18:00
休 月曜、第2日曜　MAP P81D2

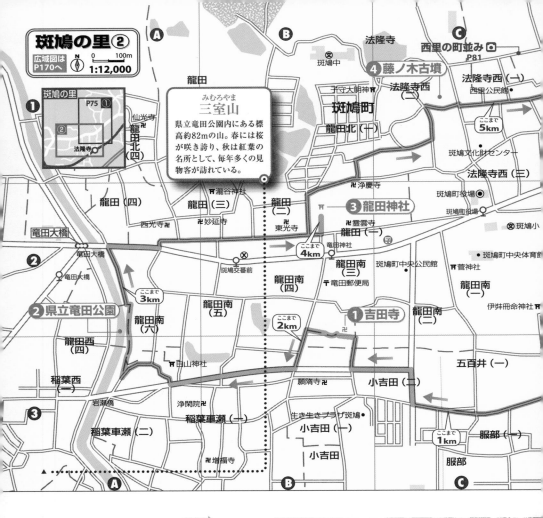

斑鳩の里②

広域図はP170へ

N　0　100m　1:12,000

斑鳩の里　P75 ①

みむろやま
三室山
県立竜田公園内にある標高約82mの山。春には桜が咲き誇り、秋は紅葉の名所として、毎年多くの見物客が訪れている。

A　B　C

法隆寺
西里の町並み P81
4 藤ノ木古墳
斑鳩中
斑鳩町
天守大明神社
法隆寺西 (二)
法隆寺西 (一)
西里公民館
龍田北 (一)
龍田
ここまで 5km
斑鳩文化財センター
法隆寺西 (三)

龍田 (四)
龍田 (三)
龍田 (二)
瀧谷神社
妙延寺
西光寺
東光寺
靈雲寺
3 龍田神社
斑鳩町役場
斑鳩町役場
斑鳩小

竜田大橋
竜田大橋
竜田大橋
斑鳩交番前
ここまで 4km
龍田神社
龍田 (一)
龍田南 (三)
斑鳩町中央公民館
晋神社
龍田南 (一)

2 県立竜田公園
ここまで 3km
龍田南 (五)
龍田南 (六)
龍田南 (四)
竜田郵便局
ここまで 2km
1 吉田寺
龍田南 (二)
伊弉冊命神社
斑鳩町中央体育館

龍田西 (四)
稲葉西 (一)
岩瀬橋
田山神社
願隆寺
五百井 (一)
小吉田 (二)

浄閑院
稲葉車瀬 (一)
稲葉車瀬 (二)
増福寺
生き生きプラザ斑鳩
小吉田 (一)
小吉田
服部 (一)
服部
ここまで 1km

A　B　C

---

3 龍田神社
たつたじんじゃ

風を司る五穀豊穣の神

龍田大社の新宮で、法隆寺の鬼門除神・鎮守社として勧請された神社。天御柱命と国御柱命を祭神としている。聖徳太子が法隆寺の建立地を探していた時に、龍田大明神が白髪の老人に化し、斑鳩の地が法隆寺建立にふさわしいと告げた、という逸話が残る。能楽金剛流発祥の地でもあり、源流である大和猿楽四座の中の坂戸座が活躍していた。

☎0745-75-3163　⊕生駒郡斑鳩町龍田1-5-6
時休料境内自由　MAP P80B2

天然記念物指定のソテツの巨木と推定樹齢900年の楠の御神木がある

歩きたい散歩道

斑鳩の里②

かつての宮大工の町・西里を歩く

法隆寺の西大門前に広がる門前町・西里（MAP P80C1）は、細い旧道の両側に瓦屋根と土壁の民家が続く風情ある町並み。界隈はかつて、法隆寺を支えた宮大工たちの居住地であったといわれ、全国の築城や寺社の建立に携わった大工たちを数多く輩出した。法隆寺の宮大工で昭和大修理や薬師寺金堂復興などに功績を残した西岡常一棟梁も、この地域の出身者だ。寺社の文化を支えた人々の暮らしが今も息づく路地を歩きながら、職人たちが行き交った古えの風景に思いを馳せたい。

東へ進むと法隆寺、西へ進むと藤ノ木古墳

古墳の近くにある斑鳩文化財センターでは、副葬品や石棺のレプリカを展示

法隆寺マップ

法隆寺 P76
法隆寺山内

D

法隆寺東（一）

門前宿和空法隆寺

法隆寺（一）

1

法隆寺（二）

平宗 法隆寺店 P79

法隆寺南

中宮寺前

法隆寺南（二）

GREEN SUN FOOD P79

中宮寺前

法隆寺参道

法隆寺前

法隆寺東

法隆寺南（一）

法隆寺前

ゴール

興留（三）

興留東（一）

田村みたらし店 P79

法隆寺iセンター

斑鳩町観光協会が運営する施設。斑鳩町の観光情報が豊富に揃い、休憩スペースもあるので、散策時は足を運んでみよう。

2

興留

阿波（一）

郡山駅へ

興留（四）

興留（五）

斑鳩興留郵便局

阿波（一）

大和路線（関西本線）

3

スタート

法隆寺駅

興留（六）

興留（九）

法隆寺駅

阿波（三）

王寺駅へ

D

❹ 藤ノ木古墳
ふじのきこふん

豪華な副葬品が出土した貴人の墓

直径約50m、高さ約9mの大型円墳。6世紀後半に造営されたと考えられている。発掘調査では、石室内から豪華な馬具が、未盗掘の石棺内からは冠などが出土。これらの副葬品は一括して国宝に指定されている。古墳は整備されており、春と秋の特別公開時には石室内に入って見学できる。

☎0745-70-1200（斑鳩文化財センター）　⏲生駒郡斑鳩町法隆寺西2　⏰休料外観見学自由（通常はガラス窓越しに石室内部の見学可）　MAP P80C1

国史跡 藤ノ木古墳

出土品の一部は奈良県立橿原考古学研究所附属博物館（→P125）で展示されている

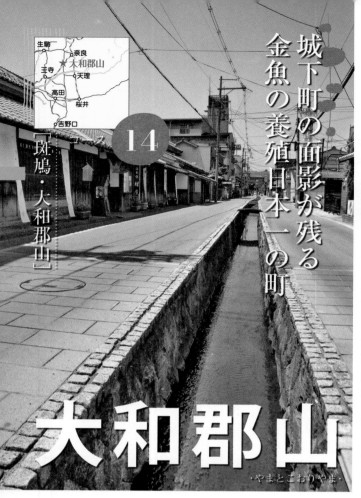

城下町の面影が残る金魚の養殖日本一の町

コース 14

[斑鳩・大和郡山]

大和郡山

やまとこおりやま

● 歩く時間 >>>
約1時間40分

● 歩く距離 >>>
約5.4km

● おすすめ季節 >>>
春🌸(3~4月)

金魚の養殖で有名な大和郡山は、安土桃山時代には豊臣秀吉の弟・秀長が城下に職人を集め、江戸中期以降は柳澤氏が治めて大和の中心地として賑わった城下町。豆腐町や紺屋町など当時の町割りを残す町を散策しながら、国史跡の史跡郡山城跡、洞泉寺、春岳院、永慶寺と、秀長や柳澤氏ゆかりのスポットを訪ねよう。

(おさんぽアドバイス)

スタートから城下町周辺は交通量が多いので車には注意。永慶寺からゴールまでは細い道が続くので地図を見ながら歩こう。

半日コース **START** 近鉄郡山駅 ≫ **①** 洞泉寺 ≫ **②** 春岳院 ≫ **③** 史跡郡山城跡 ≫ **④** 永慶寺 ≫ **GOAL** 近鉄郡山駅

近鉄奈良駅から近鉄奈良線で約5分、大和西大寺駅で乗り換え、近鉄橿原線で8分 300円

徒歩10分 (所要20分)

徒歩16分 (所要20分)

徒歩15分 (所要40分)

徒歩11分 (所要20分)

徒歩48分

近鉄奈良駅へは近鉄橿原線で8分、大和西大寺駅で乗り換え、近鉄奈良線で約5分 300円

100m >
50m >
高低差 0m >

近鉄郡山駅 ① ② ③ ④ 近鉄郡山駅

距離 > 1km > 2km > 3km > 4km > 5km

柳沢文庫

郡山城跡内にある地方史誌専門図書館。柳澤家伝来の歴史的資料などを公開している。企画展や特別展も行われている。

大和郡山

広域図はP168へ

0　50m

1:8,000

大和郡山市

③ 史跡郡山城跡

ここまで 2km

A　B　C

天理町

植槻八幡神社

植槻町

北郡山町

小川町

北郡山

塩町　魚町

やまと郡山城ホール

DMG MORIやまと郡山城ホール

本町　本町局

② 春岳院

冠山町

郡山城跡公園

城内町

郡山高

鰻堀池

鷺池

奈良町

新中町

堺町　藍町

綿町

今井町

本家菊屋 P85

永慶寺町

④ 永慶寺

桜花グラウンド

城見町

三の丸緑地

大和郡山市役所

郡山市役所前

市立公民館

市立体育館

京都

asmo大和郡山

柳（一）

豆腐町

ここまで 1km

紺屋町

車町

西方寺

新紺屋町

洞泉寺町

漢数字時計台

③

ここまで 3km

大和郡山病院

朝日町

近鉄郡山駅

駅前局

近鉄郡山駅

柳（二）

和カフェモリカ P85

スタート

ゴール

柳（三）

北大工町　南大工町

① 洞泉寺

柳町

城南町

田北病院

箕山町

常光寺

西岡町

近鉄橿原線

ここまで 5km

郡山八幡神社

大宮町

柳（四）

オーガニックキッチン Farve P85

東岡町

柳（五）

箱本館「紺屋」

紺屋とは藍染屋のこと。この資料館も紺屋だった町家を再利用している。予約すれば藍染を体験することもできる。

ここまで 4km

郡山金魚資料館 P84

新木町

筒井駅へ

柳（六）

天井町

（慈光院）（近鉄橿原線）

④

83

① 洞泉寺
とうせんじ

貴重な仏像が伝わる

天正13年（1585）に豊臣秀長が建立したと伝わる、浄土宗の寺院。本堂に祀られる本尊・木造阿弥陀三尊像は鎌倉時代の作で重文に指定されている。境内の小祠には郡山城内の沓脱石だったという石仏「垢かき地蔵」を安置する。

本尊の阿弥陀三尊像をはじめ、五劫思惟阿弥陀如来像などを祀る本堂

☎0743-52-2893　⊕大和郡山市洞泉寺町15-1　⊕10:00〜16:00（要予約）　㊡無休　㊙本尊拝観300円　MAP P83C3

洞泉寺の東隣にある源九郎稲荷神社。源義経ゆかりの白狐を祀る

ふっくらとしたお顔の垢かき地蔵

歩きたい散歩道

金魚が泳ぐ
城下町を訪ねる

大和郡山といえば、"金魚"。古くは江戸時代、藩士が内職に金魚の養殖をしたことに始まるという。現在は全国有数の金魚の生産量を誇り、夏には「全国金魚すくい選手権大会」も行われている。郡山金魚資料館（MAP P83 A4）周辺に点在する金魚養殖池では金魚が泳ぐ様子が見られるほか、館内には珍しい金魚も多数。金魚に関する資料も充実している。町なかにも金魚スポットが点在しており、金魚が泳ぐ自動販売機や燈籠形の水槽もある。

② 春岳院
しゅんがくいん

豊臣秀吉の弟・秀長の菩提寺

大和大納言と称された秀長の菩提寺として知られる。本堂には秀長の木像や、江戸時代中期ごろの作とされる絹本著色豊臣秀長画像などを安置。秀長が郡山入城後に定めた「箱本」という自治制度に関する古文書や御朱印箱など、城下町の貴重な資料も多数伝わる。

☎0743-53-3033　⊕大和郡山市新中町2　⊕9:00〜16:00（要予約）　㊡無休　㊙拝観は志納　MAP P83C2

城下町の風情を残す町並みに立つ

江戸時代再建の本堂

追手門や追手向櫓、東隅櫓、多聞櫓などが復元されている。春には桜が美しく彩る

④ 永慶寺
えいけいじ

柳澤家の菩提寺

宝永7年(1710)に柳澤吉保が甲斐に建立した柳澤家の菩提寺。享保9年(1724)、息子の吉里が国替えの際に移転した。山門は郡山城の南門を移したもので、明治維新時に廃城となった郡山城唯一の遺構となっている。

☎0743-52-2909 　🏠大和郡山市永慶寺町5 　🕐9:00〜16:00
🈺無休 　💴境内自由
🗺 P83A2

重厚で立派な山門は、大和郡山市の指定文化財にもなっている

③ 史跡郡山城跡
しせきこおりやまじょうあと

石垣が残る桜の名所

天正8年(1580)に筒井順慶が築き、天正13年(1585)に豊臣秀長が入城、大改修を行った。江戸中期以降は柳澤家の居城となった。石垣や濠が残り、追手門などが復元されているほか、町並み一望の天守台展望施設も。一帯は桜の名所としても知られる。

追手門は柳澤吉里以降、「梅林門」とも呼ばれ、郡山城の威厳を示すものだった

☎0743-52-2010(大和郡山市観光協会)
🏠大和郡山市城内町
🕐🈺💴見学自由 　🗺 P83B1

おさんぽの途中に! 　　立ち寄りグルメ&ショップ

☕ 和カフェ モリカ
わかふぇ もりか

雑穀や古代米のスイーツ

元禄15年(1702)創業の老舗米店で、現在は雑穀や豆類を販売する一方、雑穀の食べ方を提案するカフェを併設。古代米と五穀のおはぎ400円など、こだわりメニューが勢揃い。

☎0743-52-2059
🏠大和郡山市柳3-1
🕐10:00〜17:00(16:30LO)
🈺土・日曜、祝日 　🗺P83C3

🍴 オーガニックキッチン Farve
おーがにっくきっちん ふぁーべ

お店も料理も体に優しい

木をベースにした温かみある空間でオーガニック料理が味わえる。沖縄産でいご豚、産直有機野菜を使うなど、随所にこだわりあり。有機野菜のタコライス(スープ付き)858円。

☎0743-55-2090
🏠大和郡山市南郡山町7-3
🕐11:00〜15:00、17:00〜24:00
🈺月曜 　🗺P83B3

🏠 本家菊屋
ほんけきくや

かわいい金魚の菓子も

創業400余年の老舗和菓子店。大和郡山らしい琥珀糖「奈良まほろば金魚」550円や豊臣秀吉も賛美したという創業時からの銘菓「御城之口餅」770円(6個)が並ぶ。

☎0743-52-0035
🏠大和郡山市柳1-11
🕐9:00〜18:30
🈺無休 　🗺P83C2

奈良の散策の中でもやや難易度が高い、中級者向けのハイキングコース。信貴山のバス停で下車して、目指すは聖徳太子ゆかりの寺「朝護孫子寺」。寺のシンボルは寅。参道途中には巨大な張り子の寅がユーモラスに迎えてくれる。千手院、成福院、玉蔵院にも参拝した後は、いざ山頂へ。千本鳥居をくぐり、山道を登ること30分。山頂の展望台からは奈良盆地の大パノラマが楽しめる。

MAP P87

信貴山ハイキング

·しぎさん·

1日コース

おさんぽアドバイス 前半は上り坂が多く、特に千手院から信貴山頂は厳しい上り坂が続くので歩きやすい靴を選ぼう。道中は小まめに水分補給を。

START & GOAL バス停 **信貴山**

❶ 千手院
せんじゅいん

沙羅双樹の咲く護摩祈願の寺

朝護孫子寺の最古の塔頭。1300年間、毎朝欠かさず毘沙門護摩を焚く。沙羅双樹が咲く美しい庭と、金運招福の銭亀善神が有名。予約すれば宿坊に宿泊できる。

☎ 0745-72-4481
⊕ 生駒郡平群町信貴山2280
⊕⊛ 境内自由
MAP P87A2

宿坊に泊まるのも旅の魅力

❷ 朝護孫子寺
ちょうごそんしじ

毘沙門天を祀る「寅の寺」

信貴山の中腹にある毘沙門天王の総本山。聖徳太子が必勝祈願を行うと毘沙門天が寅年、寅の日、寅の刻に現れ、その加護のおかげで勝利したため、寅に縁のある寺として信仰されている。

☎ 0745-72-2277
⊕ 生駒郡平群町信貴山
⊕ 境内自由、霊宝館9:00～16:30
⊛ 無休
⊕ 霊宝館300円（特別拝観時は変更の場合あり）
MAP P87B2

本堂舞台で奈良盆地を一望

❸ 信貴山・空鉢護法堂
しぎさん・くうはつごほうどう

奈良盆地を見渡す絶景スポット

標高437mの山頂には空鉢護法堂や信貴山城跡の碑があり、奈良盆地だけでなく大阪の眺望もみどころの一つ。長くて厳しい坂道を登り切った後の達成感は格別。

☎ 0745-72-2277（朝護孫子寺）
⊕ 生駒郡平群町信貴山
⊕⊛ 入山自由
MAP P87A1

雲の上にいるかのような眺め

御茶処 甘露庵
おちゃどころ かんろあん

おさんぽの途中に!

趣ある店内でお茶を一服

護摩焚きで有名な千手院にあるお茶と軽食の店。抹茶とお菓子のセット550円、彩りの美しい精進料理（要予約）も。信貴山巡りの途中休憩に。

☎ 0745-72-4481（千手院）
⊕ 生駒郡平群町信貴山2280
⊕ 10:00～16:00
⊛ 土・日曜、祝日のみ営業 MAP P87A2

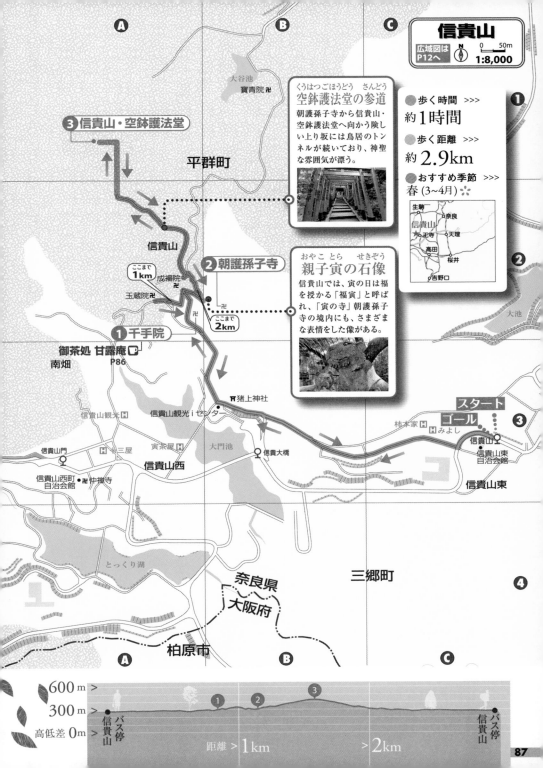

信貴山

広域図は P12へ

N 0 50m
1:8,000

● 歩く時間 >>> 約**1時間**
● 歩く距離 >>> 約**2.9km**
● おすすめ季節 >>> 春 (3~4月) ❀

③ 信貴山・空鉢護法堂

平群町

信貴山

② 朝護孫子寺

ここまで **1km** 成福院
玉蔵院

ここまで **2km**

① 千手院

御茶処 甘露庵 P86

南畑

信貴山観光H

信貴山観光iセンター

猪上神社

信貴山門 十三屋

寅茶屋 大門池

信貴山西 信貴大橋

信貴山西町自治会館 仲禅寺

柿本家 みよし

スタート

ゴール

信貴山 ③

信貴山東自治会館

信貴山東

とっくり湖

奈良県
大阪府

三郷町

柏原市

空鉢護法堂の参道

朝護孫子寺から信貴山・空鉢護法堂へ向かう険しい上り坂には鳥居のトンネルが続いており、神聖な雰囲気が漂う。

親子寅の石像

信貴山では、寅の日は福を授かる「福寅」と呼ばれ、「寅の寺」朝護孫子寺の境内にも、さまざまな表情をした像がある。

生駒
信貴山 奈良
宝寺 天理
高田 桜井
吉野口

600m
300m
高低差 0m

信貴山バス停
① ② ③
信貴山バス停

距離 >**1km** >**2km**

卑弥呼と邪馬台国

まきむく
纏向

中国の歴史書に登場する古代日本の国の一つ、邪馬台国。
女王・卑弥呼が率いるその国はどこにあったのか、卑弥呼とはどんな人物だったのか。
いまだ謎の多い邪馬台国の有力候補地として名を上げる纏向を訪れてみよう。

上）上空から見た纏向遺跡の古墳。勝山古墳・矢塚古墳・纏向石塚古墳（すべてMAP／P95 A4）は纏向小学校を囲むように位置する　右上）現在は古えの都の面影は薄く、田園風景が広がるのどかな地域に　右中）纏向遺跡の発掘現場　右下）桜井市立埋蔵文化財センター

古代ロマンを秘めた纏向遺跡

まきむく
纏向遺跡は、邪馬台国の有力候補地の一つといわれ、全国から考古学ファンが訪れている。2009年、この地で3世紀前半のものとみられる大型建造物跡が発見された。推定床面積約238m²の高床式建物で、邪馬台国の政治や宗教関連施設だった可能性が高いといわれ、古代史上最大の謎である邪馬台国論争を再燃させた。また纏向には、卑弥呼が活躍していた3世紀代に築造された古墳が多数ある。なかでも3世紀中ごろ〜後半の築造といわれる箸墓古墳は、卑弥呼の墓とする説が根強い。卑弥呼が亡くなったのは西暦248年ごろといわれ、年代的にも極めて近い。さらなる研究・調査に期待したい興味深い地域といえるだろう。

Key Word
キーワード
▼
邪馬台国

中国の「三国志」の魏志倭人伝には「邪馬壹国」という古代都市が載っている。史書に登場する初めての日本は、いまだ謎のベールに包まれている。

❖ **卑弥呼** ひみこ

弥生時代にあった日本の国、邪馬台国を統べる女王として、中国の書物にその存在を記述される。呪術を用いて吉凶を占い、国を治め、人前に姿を現すことなく、魏に数回使節を派遣したとある。

❖ **魏志倭人伝** ぎしわじんでん

3世紀末に書かれた中国の書物『三国志』魏書東夷伝倭人条」の日本での通称。当時の邪馬台国を中心とした小国連合の存在や位置、生活様式などが書かれた「倭」（後の日本）を示す第一級資料とされる。

❖ **邪馬台国論争** やまたいこくろんそう

邪馬台国はどこにあったのか。その場所が近畿地方（特に纏向地域）か九州地方（有力特定地域なし）のどちらか、という論争。どちらも説を裏付ける根拠がある一方で欠点もあり、考古学の発掘成果が待たれる。

まだある！ゆかりの地

1.箸墓古墳
はしはかこふん ➡ MAP P99A2

3世紀中ごろ〜後半の築造といわれる巨大前方後円墳。開化天皇の伯母、三輪明神との神婚伝説を持つ倭迹迹日百襲姫命の墓とされる。卑弥呼の墓、卑弥呼の後継・臺与の墓とする説も。

2.黒塚古墳展示館
くろづかこふんてんじかん ➡ MAP P95B2

"卑弥呼の鏡"ともいわれる三角縁神獣鏡が、全国最多の33面も出土した黒塚古墳に隣接。石室の実物大模型や鏡のレプリカなどを展示している。

☎ 0743-67-3210　🚃 天理市柳
本町1117-1　🕐 9:00〜17:00　🗓 月曜（祝日の場合は翌日も休）、祝日　💴 無料

［奈良］
山の辺の道・初瀬

日本最古の道ともいわれる山の辺の道。
昔日の人の心を紡ぐ万葉の歌とともに歩く。

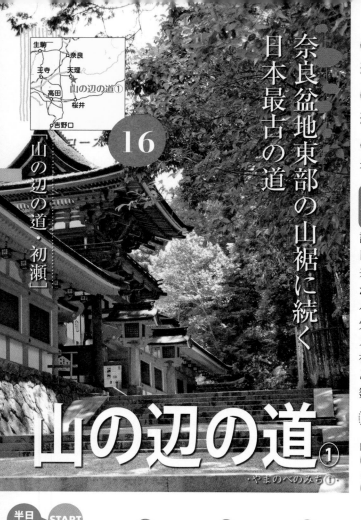

奈良盆地東部の山裾に続く
日本最古の道

「山の辺の道・初瀬」

16

山の辺の道①

・やまのべのみち①・

◉ **歩く時間** >>>
約2時間14分

◉ **歩く距離** >>>
約7.2km

◉ **おすすめ季節** >>>
春🌸（4〜5月）

奈良盆地の東の山裾に続く山の辺の道は、『古事記』『日本書紀』にも登場し、日本最古の道といわれる。本来は桜井と奈良を結んでいたが、現在は天理〜桜井がハイキングコースとして人気。ここでは天理から3コースにわけて桜井を目指す。古社寺や大古墳、万葉歌碑など、道沿いにはみどころが多数点在している。

（ おさんぽアドバイス ）

内山永久寺跡からCafe わわへは上りの山道。その他はほとんど舗装路で歩きやすく、岐路には道標が整備されている。

半日コース **START**

| JR天理駅 | 》 | **①** 石上神宮 | 》 | **②** 内山永久寺跡 | 》 | **③** 夜都伎神社 | 》 | **④** 竹之内環濠集落 | 》 | **GOAL** JR長柄駅 |

JR奈良駅から
JR万葉
まほろば線で
約15分
210円

徒歩
37分
（所要30分）

徒歩
19分
（所要10分）

徒歩
34分
（所要15分）

徒歩
12分
（所要10分）

徒歩
32分

JR奈良駅へは
JR万葉
まほろば線で
約20分
240円

160m >
80m >
高低差 0m >

天理駅 JR
長柄駅 JR

距離 > 1km > 2km > 3km > 4km > 5km > 6km > 7km

別所町
A
楢本駅へ
奈良へ
憩の家外来棟
豊田町
B
C

スタート

天理北大路

天理駅前
天理中路
中大路
憩の家病院
天理よろづ相談所病院
三島町
稲田酒造 P93
布留
豊井町
①

天理駅

天理本通り商店街
P92

① 石上神宮
布留町

天理豆本舗
P93

ここまで
1km

ここまで
2km

川原城町
天理本通り

天理大
内馬場町

天理商工会議所
天理市前
川原城町
守目堂町
天理市役所
天理小
神宮外苑公園
天理ダムへ

丹波市町
天理庁前
守目堂
天理大学
白山神社
天理トンネル
②

塚穴山古墳
天理高
天理大附
天理図書館
杣之内町
ここまで
3km

天理教教会本部
てんりきょうきょうかいほんぶ
歴史と信仰の息づく天理。天理教ではここを人類のふるさととし、市内では「ようこそおかえり」という看板をよく見かける。

田町

② 内山永久寺跡
なら歴史芸術文化村
フェアフィールド・バイ・マリオット奈良
親里競技場

勾田
勾田町

Cafe わわ
P93

勾田町

西乗鞍古墳
東乗鞍古墳
園原町
ここまで
4km

北三昧田
DCM
サンエー
天理市
親里競技場

③ 夜都伎神社
乙木町

③

乙木口

ここまで
5km

④ 竹之内環濠集落

三昧田
ここまで
6km
三昧田
竹之内町自治会館
竹之内町

福知堂町
三昧田町
佐保庄町

ここまで
7km
長柄町
長柄駅
佐保の庄
佐保庄
兵庫町
犬和神社
萱生町

ゴール
朝和小
成願寺町

南中
新泉町
大和神社
柳本駅へ
桜井へ

A
B
C
④

❶ 石上神宮
いそのかみじんぐう

神さびた森に鎮まる日本屈指の古社

古代豪族・物部氏の総氏神を祀る、日本最古の神社の一つ。神武天皇が東征の際に霊力を現したという神剣・布都御魂大神を祭神とする。古代には朝廷の武器庫があったともいわれ、国宝の七支刀をはじめ、重文の鉄盾、銅鏃など多数の神宝が伝わっている。

☎ 0743-62-0900
🏠 天理市布留町384
🕐 9:00～17:00　休 無休
💰 境内自由
MAP P91C1

鎌倉時代に建立された拝殿は、日本最古級の神社建築で国宝に指定されている

境内にはたくさんの神鶏が暮らしている

参道の奥に美しい社殿が

▶ 歩きたい 散 歩 道

天理教の本部へと続く庶民的な商店街を散策

天理駅を降りてすぐ目の前にあるのが、天理教教会本部へと続く参道としての役割も果たす約1kmの長い商店街には、天理教関連の店のほか、天理教の荘厳な神殿へ向かってみては。

県下一の長さを誇る「天理本通り商店街」（MAP P91A1）。天理教教会本部へと続く参道としての役割も果たす約1kmの長い商店街には、天理教関連の店のほか、天理教の荘厳な神殿へ向かってみては。

豆菓子が豊富に揃う天理豆本舗（→P93）や、老舗の稲田酒造（→P93）、地元で御用達の食堂など、昔ながらの商店が並ぶ。庶民的な商店街の店先を眺めながら、天

内山永久寺を詠んだ芭蕉の歌碑「うち山や とざましらずの 花ざかり」が立つ

❷ 内山永久寺跡
うちやまえいきゅうじあと

明治初期に消滅した寺の跡

春には池畔に桜が咲く

永久年間（1113～1118）に鳥羽天皇の勅願により、亮恵上人が建立したと伝わる大寺院で、後醍醐天皇も一時身を寄せたことがある。明治の激動期に廃寺となり、現在は池が残るのみ。池畔には芭蕉の句碑だけが静かにたたずんでいる。

☎ 0743-63-1242（天理市観光協会）　🏠 天理市杣之内町内山方
🕐休 見学自由
MAP P91C2

茅葺きが美しい拝殿。拝殿の奥には4つの本殿が並ぶ

④ 竹之内環濠集落
たけのうちかんごうしゅうらく

敵の侵入を防ぐ集落

環濠集落とは、外敵の侵入を防ぐため、周囲に濠を巡らせた集落。中世の奈良盆地に多く造られたが、標高100mに位置する竹之内は、奈良盆地で最も高所にある環濠集落として知られる。現在は集落の西側に環濠の一部が残っている。

☎0743-63-1242（天理市観光協会）　⊕天理市竹之内町
⊕⊕⊕見学自由　MAP P91C4

民家や蔵の白壁と調和し、往時を偲ばせる

③ 夜都伎神社
やとぎじんじゃ

春日大社と縁が深い神社

社殿や鳥居は、伝統的に春日大社から下賜されたものを使用する

春日神社とも呼ばれるほど春日大社と縁が深く、春日の四神を祀る。本殿は明治39年（1906）に改築されたもので、春日造檜皮葺きの4棟が末社の琴平神社と並立し、美麗な社殿を造り上げている。鳥居は嘉永元年（1848）に春日若宮社から払い下げられたもの。

☎0743-63-1242（天理市観光協会）　⊕天理市乙木町765
⊕⊕⊕境内自由
MAP P91C3

おさんぽの途中に！　立ち寄りグルメ＆ショップ

☕ Cafe わわ
かふぇ　わわ

名物の粟餅に舌鼓

天理観光農園に併設されているロッジ風のカフェ。粟餅300円はきな粉と醤油の2種類あり、軟らかく素朴な味わい。奈良らしい雑貨の販売や観光パンフレットもあるので便利。

☎0743-66-1663　⊕天理市園原町183　⊕10:00～15:00
⊕月・火曜（ほかに臨時休あり）
MAP P91C3

🛍 稲田酒造
いなだしゅぞう

地酒も奈良漬も逸品ぞろい

「黒松稲天」の銘柄で知られる老舗の蔵元。地元・天理市で育てた酒米を使った「氷室のさと」720㎖1760円などの自慢の酒と、その酒粕を使った奈良漬がずらりと揃う。

☎0743-62-0040　⊕天理市三島町379　⊕9:30～17:00
⊕不定休　MAP P91B1

🛍 天理豆本舗
てんりまめほんぽ

天理の老舗豆菓子店

天理本通り商店街にある、豆菓子や奈良のみやげが豊富に揃う店。名物のてんりまめ350円はショウガの香りと砂糖の甘みが絶妙で、あっという間に一袋たいらげてしまうほど。

☎0743-62-0481　⊕天理市川原城町383　⊕9:30～18:00
⊕水曜　MAP P91A1

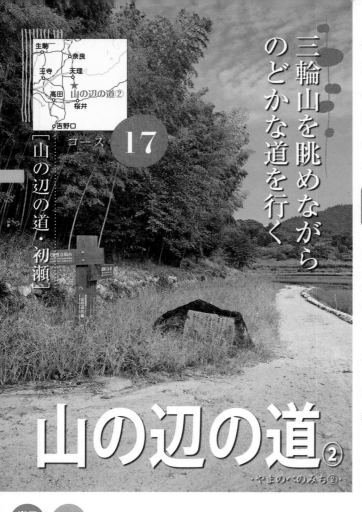

コース **17**

［山の辺の道・初瀬］

三輪山を眺めながら
のどかな道を行く

●歩く時間 >>>
約**2時間10分**

●歩く距離 >>>
約**6.6km**

●おすすめ季節 >>>
春🌸（4～5月）

歴史情緒あふれる山の辺の道の中間、長柄駅から巻向駅までを歩くルート。田園を縫うように延びる小道に沿って史跡や歌碑が点在。念仏寺から花の寺・長岳寺に向かう道中には柿本人麻呂の有名な万葉歌碑も。巨大な前方後円墳、崇神天皇陵と景行天皇陵を過ぎてほどなく姿を現す、三輪山の全容は必見。

（ おさんぽアドバイス ）

スタートから念仏寺までは国道も歩くが、山の辺の道に入ればところどころで奈良盆地を見渡せる気持ちのいいコースだ。

山の辺の道②
・やまのべのみち②・

半日コース START

① 念仏寺 ② 長岳寺 ③ 崇神天皇陵 ④ 景行天皇陵 GOAL

JR長柄駅 ≫ 念仏寺 ≫ 長岳寺 ≫ 崇神天皇陵 ≫ 景行天皇陵 ≫ JR巻向駅

| JR奈良駅からJR万葉まほろば線で約20分240円 | | 徒歩40分 | （所要15分） | 徒歩20分 | （所要30分） | 徒歩16分 | （所要15分） | 徒歩17分 | （所要15分） | 徒歩36分 | JR奈良駅へはJR万葉まほろば線で約25分330円 |

200m >
100m >
高低差 0m >
長柄駅 JR
① ② ③ ④
巻向駅 JR
距離 > 1km > 2km > 3km > 4km > 5km > 6km

天理駅へ
福知堂町
三昧田町
佐保庄町
竹之内町
Ａ Ｂ Ｃ

天理へ
佐保庄の庄

スタート
長柄駅
兵庫町
朝和小前
大和神社
ここまで **1km**
萱生町

南中
大和神社
朝和小

新泉町
成願寺町
成願寺
ここまで **2km**

天理市

① 念仏寺
中山大塚古墳
歯定神社
中山町

袞田陵
ふすまだ りょう
継体（けいたい）天皇の皇后手白香皇女の墓と伝わる前方後円墳。古墳名は西殿塚古墳といい、全長は約230m。

❶

岸田町
中山

柿本人麻呂歌碑 P96
田町

❷

黒塚古墳展示館 P88

上長岡
ここまで **3km**
② 長岳寺
天理市トレイルセンター

柳本駅
黒塚古墳
柳本小
柳本
御陵餅本舗 P97
伊射奈岐神社
❸
洋食Katsui 山の辺の道 P97
櫟山古墳

③ 崇神天皇陵
柳本町
宝輝院

渋谷
ここまで **4km**
卑弥呼庵 P97

万葉まほろば線（桜井線）
山の辺病院
水口神社
渋谷町公民館
渋谷町

ここまで **5km**
額田王の歌碑

④ 景行天皇陵
穴師

相撲神社
すもうじんじゃ
小さな祠に相撲の開祖とされる野見宿禰を祀る。相撲の発祥地といわれ、四隅に木を植えた土俵がある。

❹

ここまで **6km**
桜井市

勝山古墳
矢塚古墳
纒向小
纒向石塚古墳
辻
巻向駅
太田
東田
東田大塚古墳
桜井警察署辻駐在所
相撲神社口
巻野内
巻の内
ゴール
巻野内

草川

山の辺の道
P91 ❶
天理
長柄
柳本
巻向 ❷
三輪
P99 ❸
桜井

桜井へ
桜井駅へ
三輪

◎ 柿本人麻呂歌碑
かきのもとのひとまろかひ

名高い万葉歌人の悲哀に満ちた歌

『万葉集』に80首以上の歌を残し、「和歌の神」「歌聖」と呼ばれた柿本人麻呂による歌碑が、衾田陵を南に過ぎたあたりの山の辺の道沿いに立つ。「衾道を引手の山に妹を置きて 山路を行けば 生けりともなし」の歌は、人麻呂が妻の亡骸を埋葬した後に詠んだもの。最愛の妻を亡くした悲しみが伝わってくる。

☎0743-63-1242（天理市観光協会）　㊟天理市中山町　働休料見学自由　MAP P95B2

道沿いには歌碑が点在している

❶ 念仏寺
ねんぶつじ

山の辺の道が通る古寺

開基は奈良時代の僧・行基で、今は廃寺になった旧中山寺の一坊。門をくぐると正面に本堂、右手に立派な鐘楼、左手に十三重石塔がある。坂上田村麻呂の墓もある念仏寺の共同墓所の中を山の辺の道が通っている。

☎0743-66-1127
㊟天理市中山町401
働休料境内自由
MAP P95B2

愛嬌ある鬼瓦に注目

境内は緑が多く、ひっそりした雰囲気が漂う

楼門と鐘楼を兼ねた、美しい鐘楼門をくぐって境内へ

❷ 長岳寺
ちょうがくじ

四季の花が彩る名刹

平安時代に空海が創建したという古寺。本尊の阿弥陀三尊像(重文)は、玉眼を用いた日本最古の仏像として知られる。狩野山楽筆の大地獄絵図も有名で、毎年秋の一定期間開帳される。関西花の寺二十五カ所の第19番札所。

☎0743-66-1051
㊟天理市柳本町508
働9:00～17:00　休無休
料400円　MAP P95C2

春にはツツジやカキツバタが咲き誇る

周濠と外堤を巡らせた巨大古墳。堤の上から奈良盆地を見渡せる

③ 崇神天皇陵
すじんてんのうりょう

満々と水をたたえた大古墳

大和政権の初代大王ともいわれる、第10代崇神天皇の陵とされる。全長約240mもある巨大な前方後円墳で、4世紀前半に築造されたものと考えられている。周囲には高い堤が巡り、満々と水をたたえた濠が美しい。拝所は西に回った国道側にある。

正式名称は「山邊道勾岡上陵」。『古事記』にも記されている

☎0744-22-3338（畝傍陵墓監区事務所）　住天理市柳本町
時休料参拝自由
MAP P95B3

④ 景行天皇陵
けいこうてんのうりょう

日本武尊の父が眠る

皇子の日本武尊を各地に派遣し、朝廷の勢力を広げたといわれる第12代景行天皇の御陵。全長約300mに達する前方後円墳で、全国の古墳で第7位の大きさ。古墳時代前期（4世紀）の古墳に限れば、全国最大の規模を誇る。

☎0744-22-3338（畝傍陵墓監区事務所）　住天理市渋谷町
時休料参拝自由　MAP P95B3

崇神天皇陵と同じく、国道側に回ると拝所が設けられている

おさんぽの途中に! 　立ち寄りグルメ＆ショップ

☕ 卑弥呼庵
ひみこあん

田舎家でのんびりお茶を

店主の自宅をそのまま使った茶店。田舎の親戚を訪ねたような雰囲気でくつろげる。茶せんで泡立てた名物の和風コーヒー（おつまみ付き）400円は、ふんわりとした味わい。

☎0743-66-0562
住天理市柳本町2994
時9:00～17:00ごろ
休不定休　MAP P95C3

🍴 洋食Katsui 山の辺の道
ようしょくかついやまのべのみち

散策途中で寄りたい洋食店

山の辺の道の案内施設「天理市トレイルセンター」内の洋食店。自家製タルタルソースがおいしい人気のエビフライ定食1800円などのメニューが充実。

☎0743-67-3838　住天理市柳本町577-1　時モーニング8:30～10:00LO.ランチ＆カフェ11:00～16:00.ディナー17:00～20:30LO（夜は木～日曜、祝日のみ）
休月曜（祝日の場合は翌日）　MAP P95B2

🏠 御陵餅本舗
ごりょうもちほんぽ

前方後円墳形の名物餅

名物の御陵焼餅162円は、側面をくびらせて前方後円墳をかたどっている。軟らかな餅にたっぷりの粒餡は、歩き疲れた体にぴったり。白餅とヨモギ餅の2種類がある。

☎0743-66-3035
住天理市柳本町1536　時9:00～16:00（売り切れ次第閉店）　休水曜（祝日の場合は営業）　MAP P95B3

聖なる山の麓をたどり
古えの道の終着へ

18

「山の辺の道・初瀬」

山の辺の道③

山辺道

山の辺の道③

・やまのべのみち③・

● 歩く時間 >>>
約1時間30分

● 歩く距離 >>>
約4.6km

● おすすめ季節 >>>
春🌸(4~5月)

山の辺の道の終着点、三輪山の麓へ向かう。「元伊勢」の別称を持つ檜原神社、万病平癒の御神水で名高い狭井神社はいずれも大神神社の摂社。神霊が宿る山として崇められる三輪山の麓の古社を巡ったら、聖徳太子が建てたことに始まると伝わる平等寺へ。神話と伝説の世界に浸る古道散歩の締めくくりの道を歩こう。

┌─────────────┐
│ おさんぽアドバイス │
└─────────────┘

山の辺の道のハイライト。檜原神社～狭井神社は樹林の中の道を行く。「山の辺の道②」(→P94)から直接歩き続けてもいい。

半日コース **START** 🚉 JR巻向駅 ≫ ① 檜原神社 ≫ ② 狭井神社 ≫ ③ 大神神社 ≫ ④ 平等寺 ≫ **GOAL** 🚉 JR三輪駅

┌──────────┐
│ JR奈良駅 │
│ から │
│ JR万葉 │
│ まほろば線で │
│ 約25分 │
│ 330円 │
└──────────┘

徒歩44分 (所要10分)

徒歩21分 (所要15分)

徒歩4分 (所要40分)

徒歩6分 (所要20分)

徒歩12分

┌──────────┐
│ JR奈良駅 │
│ へは │
│ JR万葉 │
│ まほろば線で │
│ 27分 │
│ 330円 │
└──────────┘

200m >
100m >
高低差 0m >

巻向駅 JR

① ② ③ ④

三輪駅 JR

距離 > 1km > 2km > 3km > 4km

柳本駅へ Ⓐ
柳本町
天理へ
Ⓑ 渋谷町
大豆越
天理市
景行天皇陵 P97

辻
山の辺病院
草川
巻向駅
スタート
相撲神社社口
巻野内
巻野内
穴師

海柘榴市跡
つばいちあと

古代の市場・海柘榴市があった場所で、若い男女が歌を詠み交わす「歌垣」も行われた。ゆかりの万葉歌碑が立つ。

辻

Ⓒ ❶

太田
巻の内
常善寺

ここまで
1km

箸中
万葉まほろば線（桜井線）
三輪山本お食事処 P101
箸中
ホケノ山古墳
慶運寺
向川

三気大神神社社務所
三気大神神社

ここまで
2km

❷

箸墓古墳 P88
箸中

喜多美術館
きた びじゅつかん

ルノワール、ゴッホ、ピカソ、佐伯祐三、藤田嗣治といった近代画家の作品や、ウォーホール、ボイスなどのモダンアートを展示。

茅原大墓古墳
織田小
芝

❶ 檜原神社

玄賓庵

ここまで
3km

三輪山 P108

茅原
山辺の道
花もり P101

脇本

❸

総合体育館
大三輪中
久延彦神社

❷ 狭井神社

白玉屋榮壽 P101
三輪明神大神神社一の鳥居駐車場
三輪明神参道口

三輪明神大神神社二の鳥居前

❸ 大神神社

ゴール
三輪駅

三輪
三輪大橋
三輪小

❹ 平等寺

ここまで
4km
金屋の石仏 P100

桜井市
桜井署
桜井市保険福祉センター

粟殿
市役所北

出口橋
極楽寺

金屋

❹

桜井市市役所前
桜井市役所
桜井駅へ Ⓑ Ⓒ

はるか二上山へと沈む夕陽。注連柱越しに望む景色はなんとも神々しい

❶ 檜原神社
ひばらじんじゃ

天照大御神を祭神とする古社

大神神社の摂社の一つ。森閑とした境内には本殿も拝殿もなく、ご神座を三ツ鳥居越しに拝むという古代の信仰形態を守る。天照大御神が伊勢に鎮座する前に祀られた地であることから「元伊勢」とも呼ばれる。夕景の美しさでも有名。

☎0744-42-6633（大神神社）　⊕桜井市三輪檜原
時休料境内自由　MAP P99C2

三輪鳥居ともいわれる独特の三ツ鳥居を正面から拝することができる

▶歩きたい散歩道

神仏分離で移された金屋の石仏を訪ねる

桜井市金屋には、高さ214cm、幅83.5cm、厚さ21.2cmの2枚の泥板岩に浮き彫りにされた石仏がある P99C4。初期から鎌倉時代まで制作時期については諸説あるが、明治期の神仏分離で一度は廃された平等寺のものといわれる。三輪山の南麓にある収蔵庫に安置され、格子戸越しに見ることができる。右は釈迦如来像、左が弥勒如来像と推定され、いずれも国指定の重要文化財。平安子戸越しに見ること

今も大切に祀られている　✳

❷ 狭井神社
さいじんじゃ

「くすり水」をいただいて健康祈願

病気平癒の神・大神荒魂大神を祭神とする、大神神社の摂社。拝殿の奥にある薬井戸からは、万病に効くというご神水が湧き出ており、「くすり水」として古くから信仰されている。また、聖なる神の山・三輪山への登拝（入山諸規則厳守）はこの神社で受け付けている。

☎0744-42-6633（大神神社）　⊕桜井市三輪1422
時休料境内自由
MAP P99B3

ご神水は自由に飲める

檜皮葺き屋根の拝殿。その奥に薬井戸がある

❸ 大神神社
おおみわじんじゃ

三輪明神の名でも知られる

古来「神の山」と崇められてきた三輪山をご神体とする、日本で最も古い神社といわれる。祭神の大物主大神は酒の神でもあることから全国の酒造業者から信仰を集め、毎年11月14日には酒まつりが行われ「しるしの杉玉」が授与される。

なでうさぎのお守りが人気

☎0744-42-6633　🚃桜井市三輪1422　⏰宝物収蔵庫は9:30～15:30　🈺境内自由（宝物収蔵庫は毎月1日、土・日曜、祝日のみ開館）　💴宝物収蔵庫300円　MAP P99B3

夫婦岩は神が宿る磐座の一つ

本殿を設けず、この拝殿を通して三輪山を拝む

昭和62年（1987）再建の本堂

❹ 平等寺
びょうどうじ

聖徳太子ゆかりの寺

聖徳太子の創建と伝わり、かつては大神神社の神宮寺として栄えたが、明治の廃仏毀釈により全廃。昭和52年（1977）に寺名が復興され、本堂、鐘楼堂などの伽藍が整った。本堂には本尊の十一面観世音菩薩像、聖徳太子像などを祀る。

☎0744-42-6033　🚃桜井市三輪38　⏰6:00～17:00（本堂拝観は要予約）　🈺無休　💴無料　MAP P99C3

山の辺の道 ③

おさんぽの途中に！　　**立ち寄りグルメ＆ショップ**

● 山辺の道 花もり
やまのべのみち はなもり

緑に包まれた庭席で一服

山の辺の道沿いにある自然派カフェ。わらび餅などの和スイーツや、煮物と天ぷらに三輪そうめんが付く花もり野菜膳1050円（前日17時までに要予約）などで一服できる。

☎0744-46-4260　🚃桜井市茅原222-4　⏰10:00～17:00　🈺月曜（祝日の場合は翌日）、雨天時は予約のみ営業　MAP P99B3

● 三輪山本 お食事処
みわやまもと おしょくじどころ

手延べそうめんの老舗直営

そうめん発祥地で最も古い老舗メーカーが手がける直営店。冷やしそうめん880円～は麺の白さが際立ち、細くてもしっかりとしたコシと食感がある本物の味。購入もできる。

☎0744-43-6662　🚃桜井市大字箸中880　⏰11:00～15:00LO。売店は10:00～17:00（9～3月は～16:30）　🈺不定休　MAP P99A2

▲ 白玉屋榮壽
しらたまやえいじゅ

大神神社の門前で180年

大神神社の大鳥居横で創業180余年、変わらぬおいしさを伝える老舗和菓子店。昔ながらの銘菓「みむろ」小型1個140円は、上品な甘さの大納言小豆の餡が詰まった最中。

☎0744-43-3668　🚃桜井市三輪660-1　⏰8:00～19:00　🈺月曜（祝日の場合は翌日）、第3火曜　MAP P99A3

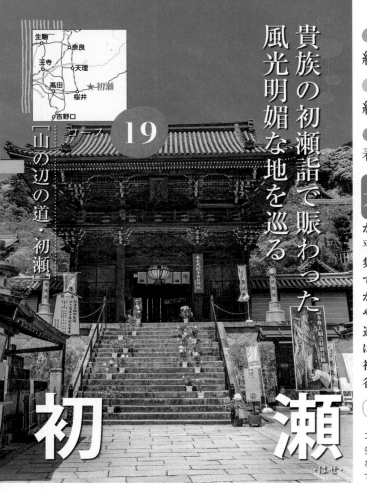

19

[山の辺の道・初瀬]

初瀬
(はせ)

貴族の初瀬詣で賑わった風光明媚な地を巡る

● 歩く時間 >>>
約1時間20分

● 歩く距離 >>>
約3.8km

● おすすめ季節 >>>
春🌸初夏🌿(4〜6月)

大和と伊勢を結ぶ初瀬街道が通る初瀬は、古くから交通の要衝であり、また平安時代には貴族の信仰を集めた長谷寺の門前町として賑わった。駅から北へ向かい初瀬街道を渡ると、みやげ店や飲食店で賑わう参道が長谷寺へと続く。帰途は石段を登って與喜天満神社へ。そこから法起院、長谷山口坐神社にも参詣を。

（ おさんぽアドバイス ）

コース全体の高低差はそれほど多くはないが、寺社に急な石段などがあるため、歩きやすい靴で出かけよう。

半日コース START

長谷寺駅 ≫ 長谷寺 ≫ 與喜天満神社 ≫ 法起院 ≫長谷山口坐神社≫ 長谷寺駅

		①		②		③		④		GOAL

JR奈良駅から
JR万葉
まほろば線で
約30分、
桜井駅で乗り換え、
近鉄大阪線で6分
570円

徒歩31分 （所要60分）

徒歩14分 （所要15分）

徒歩6分 （所要15分）

徒歩15分 （所要15分）

徒歩13分

JR奈良駅へは
近鉄大阪線で6分、
桜井駅で乗り換え、
JR万葉
まほろば線で
約30分
570円

400m >
200m >
高低差 0m >

長谷寺駅 ① ② ③ ④ 長谷寺駅

距離 > 1km > 2km > 3km

初瀬

広域図は P13へ

N

0　50m
1:8,000

与喜山暖帯林
（よきさんだんたいりん）

奥喜天満神社の背後に広がる広葉樹林。伐採禁止のため原生林の状態を残しており、国の天然記念物に指定されている。

長谷寺参道
（はせでらさんどう）

初瀬川沿いに続く参道の両脇には、初瀬名物の草餅を売る店や飲食店などがずらりと並ぶ。とりわけ春は賑やか。

白河

①長谷寺

本長谷寺 卍

素盞雄神社 ⛩

②與喜天満神社 ⛩

普門院 卍

奥之院 卍

ここまで
2km

総本舗白酒屋
P105

田中屋
P105

ここまで
1km

白髭神社 ⛩

③法起院 卍

桜井市

崇蓮寺 卍

井谷屋

長谷路
P105

万福寺 卍

初瀬川

初瀬街道

与喜浦

吉隠川

ここまで
3km

④長谷山口坐神社 ⛩

金毘羅神社 ⛩

初瀬

長谷寺参道口

初瀬西

初瀬

→榛原駅へ

妙光寺 卍

初瀬観光センター

スタート
ゴール

長谷寺駅

近鉄大阪線

Ａ　Ｂ　Ｃ

①②③④

103

❶ 長谷寺
はせでら

季節で表情を変える花の御寺

真言宗豊山派の総本山で、西国三十三所観音霊場の第8番札所。本尊の十一面観音立像は高さ10mもあり、木造仏では日本最大級といわれる。初瀬山の山腹に堂塔が点在する境内は四季の花で彩られることから「花の御寺」とも呼ばれ、約150種7000株のボタンやアジサイの回廊でも名高い。

☎0744-47-7001　⊕桜井市初瀬731-1
⊕8:30〜17:00（冬期は9:00〜16:30）　休無休
料500円　MAP P103B1

仁王門から続く399段の石段の登廊は本堂へと続いている

本堂は京都の清水寺と同じ懸造で、国宝に指定（左）、仁王門は明治18年（1885）の再建（右）

境内にある磐座は、手前から鵜形石、沓形石、掌石とよばれる

❷ 與喜天満神社
よきてんまんじんじゃ

菅原道真公を祀る古社

長谷寺の地主神で、学問の神として有名な菅原道真を祀る天満宮。初瀬川に架かる橋は與喜天満神社で開かれる連歌会に参加する長谷寺の僧らが渡ったことから「連歌橋」と呼ばれる。境内にある天照大神初降臨の磐座は勝ち運に恵まれる、として注目されている。

⊕桜井市初瀬14-1
⊕休料境内自由　MAP P103C2

本殿に安置する天神坐像は鎌倉時代の作

❸ 法起院
ほうきいん

西国三十三所霊場の番外札所

長谷寺の本尊・十一面観音を造立し西国観音巡礼を始めたといわれる徳道上人が隠棲したと伝えられる寺。自身が彫ったとされる徳道上人像が本尊として安置されている。境内には上人御廟の十三重石塔、触れると願いが叶うと伝えられる「上人沓脱ぎ石」がある。

☎0744-47-8032　㊟桜井市初瀬776　⏰8:30〜17:00（12月1日〜3月19日は9:00〜16:30）　⚫無休　❇無料　MAP P103C2

年中、巡礼者の参拝で賑わう

十三重石塔の周囲には西国三十三所霊場で持ち帰られた御砂が

❹ 長谷山口坐神社
はせやまぐちにいますじんじゃ

長谷山を護る神の社

長谷寺からの帰途、参道を左に入り、初瀬川に架かる朱塗りの橋を渡ると神社の鳥居へとたどりつく。ここでは長谷山の鎮神として大山祇大神を祀っている。また、手力雄明神も祀っていることから、地域の人々からは「てぢからさん」と親しまれている。

☎0744-42-9111（桜井市観光まちづくり課）　㊟桜井市初瀬4593　⏰休❇境内自由　MAP P103B3

初瀬

初瀬川に架けられた朱色の橋を目印に、階段を上って境内へ

おさんぽの途中に！ 立ち寄りグルメ＆ショップ

🍴 長谷路
はせじ

趣深い古民家でひと休み

国登録文化財の古民家を利用した、風情豊かな休み処。山菜そば（柿の葉すし2個付き）1100円や、抹茶（和菓子付き）600円などが味わえる。

☎0744-47-7047　㊟桜井市初瀬857　⏰11:00〜15:00ごろ（季節により変動）　⚫3月中旬〜7月中旬、9月中旬〜12月中旬の季節営業、期間中は水曜休　MAP P103B3

🍴 田中屋
たなかや

長谷寺御用達の料理旅館

長谷寺に仕出しをしている料理旅館。1階は食事処で、にゅうめん定食1850円や精進料理（要予約）がいただける。奈良特産の金胡麻と吉野葛で作られた胡麻豆腐は逸品。

☎0744-47-7015　㊟桜井市初瀬748　⏰10:00〜17:00　⚫不定休　MAP P103C2

🛍 総本舗白酒屋
そうほんぽしろざけや

香りのよい草餅が人気

長谷寺門前のみやげ物店。香りのよい名物の草餅1個150円は杵と臼を使い、一つずつ丁寧に作られたもの。店内では2個500円（大和茶付き）で味わえる。

☎0744-47-7988　㊟桜井市初瀬746　⏰9:00〜17:00　⚫不定休（4・11月は無休）　MAP P103C2

MAP P107

「女人高野」と親しまれる室生寺は、多くの文化財を今に伝え、シャクナゲや紅葉の名所としても知られる。室生口大野駅を起点に、東海自然歩道を歩いてこの名刹を訪ねてみよう。駅からしばらくは路線バスも通る舗装路。大野寺を拝観後、さらにバス道を進んだのち、東海自然歩道に入る。渓流沿いの山道を徐々に上って行き、門森峠を下ると室生の里。室生山上公園に立ち寄ってから、室生寺へ向かおう。

［山の辺の道・初瀬］

コース **20**

室生寺ハイキング
・むろうじ・

1日コース

おさんぽアドバイス 近鉄室生口大野駅をスタート。コースの途中には食料を調達できる施設がないので、お弁当はあらかじめ用意してから出かけよう。

START 室生口大野駅
GOAL バス停 室生寺

❶ 大野寺
おおのじ

大きな磨崖仏と枝垂桜が有名

宇陀川沿いに立つ、空海ゆかりの古寺。宇陀川対岸の大岩壁に刻まれた、総高約14mの弥勒磨崖仏がよく知られる。春には樹齢300年という枝垂桜が咲き、多くの人で賑わう。

☎0745-92-2220
㊟宇陀市室生大野1680
🕐9:00～17:00（11～3月は～16:00）
㊡無休
💴300円
MAP P107A1

鎌倉時代に造られた磨崖仏

❷ 室生山上公園 芸術の森
むろうさんじょうこうえん げいじゅつのもり

大自然とアートの融合

園内そのものが美術館のような、自然と造形物が調和した非日常的な空間が楽しめる公園。点在するイスラエルの彫刻家ダニ・カラヴァンの作品を鑑賞できる。

☎0745-93-4730
㊟宇陀市室生181
🕐10:00～17:00（3・11・12月は～16:00）
㊡火曜（祝日の場合は翌日）、12月29日～2月末
💴410円 MAP P107B4

見て、ふれて、アートを感じよう

❸ 室生寺
むろうじ

シャクナゲが彩る "女人高野"

古来女性も参詣できたことから "女人高野" と親しまれる。国宝指定の古建築、寶物殿の十一面観音菩薩立像（→P4）などの貴重な仏像が数多く伝わる。境内はシャクナゲの名所。

☎0745-93-2003
㊟宇陀市室生78
🕐8:30～17:00（12～3月は9:00～16:00）
㊡無休
💴600円、寶物殿400円
MAP P107C4

傑作仏像を多数安置する金堂

おすすめコース

東海自然歩道
とうかいしぜんほどう

深呼吸したくなる散策道

昭和44年（1969）に東京～大阪に整備された長距離自然歩道。大野寺から室生寺へと続く約6.2kmもその一部となっており、ハイキングコースとして人気が高い。道端にはかわいい草花が咲く。

☎0745-82-2457
（宇陀市観光課）
㊟宇陀市室生
MAP P107A3

室生寺

広域図は P13へ

N 0 200m
1:28,000

安養寺 卍
卍 正福寺

スタート

近鉄大阪線

室生三本松

三本松駅へ

花の郷滝谷花しょうぶ園

室生口大野駅

室生小 ⊗
⊗ 室生中

室生寺入口

大野寺
弥勒磨崖仏

宇陀川

ここまで **1km**

① **大野寺**

室生大野

三杜ノ森

室生砥取

栢森宅前

宇陀市

島ケ橋橋トンネル

ここまで **2km**

● **歩く時間** >>>
約**2時間30分**

● **歩く距離** >>>
約**7.6km**

● **おすすめ季節** >>>
春(4~5月) ❀

生駒
奈良
王寺 天理
高田 ● 室生寺 ★
桜井
吉野口

● **東海自然歩道** P106

ここまで **3km**

室生川

室生龍穴神社
むろうりゅうけつじんじゃ

雨をもたらす龍神を祀り、平安時代には国家的な雨乞神事が行われた。背後の山中に龍神がすむという「龍穴」がある。

ここまで **4km**

門森峠

③ **室生寺**

奥之院

ここまで **6km**

五重塔

室生

やまなみロード

室生トンネル

ここまで **7km**

室生ダム
むろうだむ

甲子園球場の約26倍の面積を誇り、ダム周辺を巡るウォーキングコースもある。広大なダムを眺めながら歩くのもいい。

深谷川

民宿 むろう Ⓗ

室生寺

橋本屋

室生局 〒

ゴール

榛原荷阪

ここまで **5km**

② **室生山上公園 芸術の森**

800m

400m

高低差 0m

大野駅 室生口

① | 1km | 2km | 3km | 4km | ② 5km | 6km | ③ 前室生寺 バス停 | 7km

距離

107

絶世の美女・額田王

妻争いの伝説がある、香具山、畝傍山、耳成山の大和三山は、
中大兄皇子と弟の大海人皇子が、歌人額田王を巡って争った三角関係の象徴！？
今も昔も恋の悩みは尽きぬもの。彼らが詠んだ歌に古さは見られない。

上）上空から見た大和三山。手前から香具山、耳成山、畝傍山　右上）甘樫丘（→P120）からも眺めることができる　右中）美しい姿を見せる畝傍山（→P125）　右下）山の辺の道にある額田王の歌碑（MAP／P95C4）

兄弟同士の恋の駆け引き？

「香具山は　畝傍ををしと　耳成と　相争ひき　神代より　かくにあるらし　いにしへも　しかにあれこそ　うつせみも妻を　争ふらしき」
〜香具山は畝傍山を耳成山と争った。神の時代からこのようであったらしい。昔もそうだったからこそ、この世でも愛しい人を争うのだろう〜。これは中大兄皇子（後の天智天皇）が、大和三山を自分の心境に置き換えて詠んだ歌ともいわれる。才色兼備だったとされる万葉歌人・額田王は、もともと弟・大海人皇子（後の天武天皇）の妻だったが、後に天智天皇に召されたとされる。額田王も天智天皇を想う歌を詠み、二人の仲睦まじさが推察される。大和三山の伝説のような、万葉集に残る3人の恋の思惑は、今も現代人の心に訴えるものがある。

KeyWord
キーワード

万葉集によると額田王は兄弟いずれにも歌を詠んでおり、両者への心情がさまざまに想像される。この3人の関係を整理しておこう。

三角関係

❖ 額田王 ぬかたのおおきみ

絶世の美女といわれる額田王だが、その詳細は不明。大海人皇子の妻で、一女（十市皇女）をもうけた後に天智天皇に見染められたともいわれる。万葉集に歌を残す女性だが、ほかの文献には記述がほとんどない。

❖ 天智天皇 てんじてんのう

中大兄皇子。大化の改新の立役者の一人。弟の大海人皇子の妻だった額田王を迎える。天智天皇の娘は、天武天皇の后・持統天皇。現代の一夫一婦制とは異なり、この時代は結婚に対する常識も制度も違う。

❖ 天武天皇 てんむてんのう

大海人皇子。額田王と初めに結婚し、一女をもうける。額田王を想って詠んだ歌「紫の匂へる妹を憎くあらば　人妻ゆゑに我恋ひめやも」が有名。ただしこれは、宴席での座興の歌として詠んだ、との説もある。

まだある！ゆかりの地

1. 三輪山
みわやま　→ MAP P99C3

古代より神の山として崇められ、現在も山そのものが大神神社（→P101）のご神体となっている。都が飛鳥から近江へ遷る際、額田王は三輪山との別れを惜しむ歌を残した。

2. 奈良県立万葉文化館
ならけんりつまんようぶんかかん　→ MAP P118B2

万葉の世界を体感できるミュージアム。日本画展示室では展覧会も開催。
☎ 0744-54-1850　⊕ 高市郡明日香村飛鳥10
⊕ 10:00〜17:30　⊗ 月曜（祝日の場合は翌平日）
⊛ 無料（展覧会は有料）

［奈良］
飛鳥・藤原京

のどかな田園に残る飛鳥の遺跡。
飛鳥寺や石舞台古墳を中心に歴史散策。

【飛鳥・藤原京】

飛鳥①
（あすか）

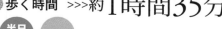

● 歩く時間 >>> 約**1時間35分**　　● 歩く距離 >>> 約**5.1km**

半日コース START

飛鳥駅

近鉄奈良駅から
近鉄奈良線で約5分、
大和西大寺駅で
乗り換え、
近鉄橿原線急行で
31分、
橿原神宮前駅で
乗り換え、近鉄
吉野線で4分、700円

 ❶ **高松塚古墳**

徒歩19分

（所要30分）

 ❷ **天武・持統天皇陵**

徒歩19分

（所要10分）

 ❸ **亀石**

徒歩13分

（所要10分）

徒歩12分

160m >

80m >

高低差 0m >

飛鳥駅

 ❶

 ❷

距離 > **1km**　　> **2km**

古代ロマンを探しに謎に満ちた飛鳥を歩く

飛鳥はのどかな里。春は菜の花や桜、レンゲなどに彩られる

飛鳥は1300〜1400年前の日本の中心地。往時には歴代天皇の宮殿や大寺院が立ち並び、聖徳太子や蘇我馬子、中大兄皇子（後の天智天皇）、天武天皇ら古代史のスターたちが国造りに活躍した。そんな華々しい歴史を残しながら、現在の飛鳥はのどかなたたずまい。三方を山や丘に囲まれ、田畑が広がり、春はレンゲ、秋は彼岸花が野を彩る。一方で、古代史上の重要な遺跡や古社寺が点在し、この地が古代の都だったことを今に伝えている。ここでは飛鳥駅からスタートし、まずは極彩色の壁画が有名な高松塚古墳へ。続いて、天武・持統天皇陵から東へ向かえば、ユニークな形の亀石が現れる。飛鳥の路傍には、このような謎と古代ロマンに満ちた不思議な形の石造物が多い。さらに橘寺、川原寺、犬養万葉記念館とたどり、飛鳥のシンボル的な石舞台古墳へ向かおう。

おさんぽアドバイス

まずは近鉄飛鳥駅前にある総合案内所「飛鳥びとの館」（→P115）で観光情報やコースを確認しておこう。全体的に道は平坦で歩きやすいので、「飛鳥②」（→P116）と合わせ、丸1日かけてゆっくりまわるのもいい。

飛鳥①

●おすすめ季節 >>>春 🌸 秋 🍁 （3〜4月・10〜11月）

④
橘寺

徒歩4分

⑤
川原寺

徒歩11分

⑥
犬養万葉記念館

徒歩13分

⑦
石舞台古墳

徒歩4分

GOAL
バス停石舞台

（所要20分）

（所要15分）

（所要20分）

（所要20分）

近鉄奈良駅へは奈良交通バスで21分、橿原神宮前駅東口下車、橿原神宮前駅から近鉄橿原線急行で31分、大和西大寺駅で乗り換え、近鉄奈良線で約5分、1030円

③ ④ ⑤ ⑥ ⑦ バス停石舞台

>3km >4km >5km

111

飛鳥①

広域図はP172へ
N
0 100m
1:15,000

岡寺駅
橿原市
五条野町

猿石
吉備姫王墓に置かれている4基の石像。左から女、山王権現、僧、男と呼ばれており、それぞれ不思議な表情をしている。

豊浦
菖蒲町（四）
明日香養護学校
菖蒲池古墳
菖蒲町四南
野口駐車場前
野口
聖徳中
明日香村中央公民館

川原
板蓋神社
③亀石
⑤川原寺
川原
飛鳥川

明日香村役場
明日香村役場
ここまで3km
④橘寺

欽明天皇陵
吉備姫王墓
近鉄吉野線

鬼の俎 P113
鬼の雪隠 P113
②天武・持統天皇陵
ここまで2km
野口
明日香村
天武・持統陵
明日香小
定林寺跡
定林寺
健康福祉センター
健康福祉センター
吉野川分水東部

岩屋山古墳
飛鳥駅
飛鳥びとの館 P115
歴史公園館
飛鳥駅前
高松塚
平田
中尾山古墳
立部
稲渕の棚田
日本の棚田百選に選ばれている。夏は青々とした田園風景、秋は真っ赤な彼岸花が咲くなど季節により違った表情を見せる。

越
スタート
おむすびや～悠～ P115
御園
飛鳥歴史公園高松塚周辺地区
ここまで1km
高松塚壁画館
①高松塚古墳

飛鳥
橿原神宮前 P118②
岡寺
飛鳥①
壺阪山
檜前
栗原
文武天皇陵

A B C

「飛鳥美人」の女子群像の模写

飛鳥歴史公園高松塚周辺地区にあり、国の特別史跡

① 高松塚古墳
たかまつづかこふん

極彩色の壁画で有名な古墳

7世紀末から8世紀初めにかけて造られたといわれる二段式円墳。石室内に極彩色の壁画が発見されたことで一躍有名に。国宝の壁画は男女の群像や星宿、四神が描かれている。隣接している高松塚壁画館でレプリカが見られる。

☎0744-54-3340（高松塚壁画館）　⬤高市郡明日香村平田439　⬤見学自由（壁画館は9:00～17:00※最終入館は16:30）　⬤壁画館は2・4・7・11月の第2月曜（祝日の場合は翌平日）　⬤見学自由（壁画館は300円）　MAP P112B3

地図内の表記

万葉文化館西口
小原
D

飛鳥宮跡 P119
岡寺 ①
岡

岡大理教前

ここまで 4km
明日香局
岡戎前
〒

恵比寿神社

❻ 犬養万葉記念館

岡寺前

島庄

ゴール
ここまで 5km
石舞台

橘
島庄
農村レストラン
夢市茶屋 P115

❼ 石舞台古墳

上居 ②

飛鳥歴史公園
石舞台地区

専称寺

飛鳥歴史公園
祝戸地区

祝戸
冬野川
都塚古墳

飛鳥稲淵宮殿跡

稲渕
阪田 ③

D

歩きたい散歩道

飛鳥のミステリーストーンを訪ねる①

天武・持統天皇陵の少し西、飛鳥周遊歩道の道沿いに2つの不思議な石造物が残されている。道のやや上にある平たい長方形の巨石は「俎（まないた）」、道のやや下にある真ん中が空洞になった巨石は「鬼の雪隠」と呼ばれる。これらの石には伝説がある。その昔、このあたりに住んでいた鬼が、通行人を捕らえては「俎」でさばいて食べ、満腹後に「雪隠」で用を足したという。実際は、古墳の石室が分離したもので、「雪隠」を逆さにして「俎」に被せたら、元の形になるとか。

「鬼の俎」。近くに「鬼の雪隠」がある（ともにMAP P112B2）

※

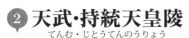

石段を上ると拝所にたどり着く

❷ 天武・持統天皇陵
てんむ・じとうてんのうりょう

天皇夫妻がともに眠る

天武天皇と持統天皇が合葬されている陵墓。天武天皇は中央集権的な国家体制の基礎を固めた天皇として知られる。持統天皇は天武天皇の皇后だったが、夫の死後に皇位を継承し、藤原京を造営した。苦楽をともにした2人がここに眠っている。

☎0744-22-3338（畝傍陵墓監区事務所）
🄰高市郡明日香村野口　🄷🄷🄲参拝自由
MAP P112B2

持統天皇は天皇として初めて火葬された人物

③ 亀石
かめいし
優しく微笑む飛鳥のアイドル

亀そっくりの石造物。笑っているようにも眠っているようにもみえる表情と、コロンとした姿で人気を集める。飛鳥時代のものといわれるが、誰がどのような目的で造ったのかは不明。この石が西を向くと、奈良盆地は泥沼になるという伝説がある。

☎0744-54-5600(明日香村文化財課)
⊞高市郡明日香村川原　時休料見学自由
MAP P112C1

飛鳥の石造物の中で最も有名。微笑んでいるようにも見える

江戸時代に再建された本堂は太子殿と呼ばれる。建物の前には太子の愛馬・黒駒の像も

本堂南側にある二面石は善悪の顔を背中合わせにしたもので、人の心を表している

④ 橘寺
たちばなでら
聖徳太子生誕の地

聖徳太子が建立した七カ寺の一つで、誕生の地に太子自身が建てたと伝わる。かつては塔、金堂、講堂が一直線に並ぶ四天王寺式伽藍配置の大規模寺院だった。現存する建物は江戸時代に再建されたもの。本尊の聖徳太子坐像は太子35歳の姿と伝わる。

☎0744-54-2026　⊞高市郡明日香村橘532　時9:00～17:00(受付は～16:30)
休無休　料400円　MAP P112C2

⑤ 川原寺
かわはらでら
古代飛鳥を代表する官寺

7世紀後半の創建と伝えられるが建立年には諸説ある。当時は2つの金堂と塔を有する大寺だったが、中世以降衰退。中金堂のあった場所に現在の弘福寺本堂(拝観300円)が立っている。金堂跡には大理石の礎石が残っている。

☎0744-54-2043(弘福寺)　⊞高市郡明日香村川原1109　時休料見学自由
MAP P112C1

日本で初めて写経が行われた場所とされ、現在は写経体験ができる

⑥ 犬養万葉記念館
いぬかいまんようきねんかん

万葉学者の想いにふれる

日本全国の万葉故地を歩き、『万葉の風土』『万葉の旅』を著すなど、万葉集研究の第一人者として知られる犬養孝氏の功績を称えて、2000年に開館。揮毫書や写真のほか、取材に使われた直筆原稿や手記、遺品などが展示されている。

☎0744-54-9300　🏠高市郡明日香村岡1150
🕐10:00～17:00（入館は～16:30）　休水曜　料入館無料
MAP P113D1

犬養氏の万葉集と飛鳥への愛情を感じられる記念館

⑦ 石舞台古墳
いしぶたいこふん

飛鳥のシンボル的な古墳

☎0744-54-3240（飛鳥観光協会）　🏠高市郡明日香村島庄
🕐9:00～17:00　休無休　料300円　MAP P113D2

巨石を組み上げた日本最大級の横穴式石室を擁する、1辺約50mの方墳。7世紀前半に造られたもので、飛鳥時代前半の大政治家、蘇我馬子の墓といわれる。地表に露出しているのは石室の天井石。まさに石の舞台のようであることから、この名が付いたという。

かつては盛り土に覆われていた

石室内部も見学可能。石材の総重量は2300tもあるとか

飛鳥 ①

おさんぽの途中に！　立ち寄りグルメ＆ショップ

🍴 農村レストラン 夢市茶屋
のうそんれすとらん ゆめいちちゃや

古代米ご飯と季節の野菜を

石舞台古墳の近くにある食事処。名物の古代米御膳1400円（冬期休止。代わりに飛鳥鍋御膳が登場）は、もちもちした古代米のご飯に、地元産野菜の煮物などの家庭料理が付く。

☎0744-54-9450
🏠高市郡明日香村島庄154-3
🕐11:00～16:00（土・日曜、祝日は～17:00）　休無休　MAP P113D2

🍙 おむすびや〜悠〜
おむすびや〜はるか〜

食材にこだわるおむすび店

明日香産の古代米、自然栽培の玄米などで手作りするおむすびは150円〜。おむすび3種類と自家製甘酒キムチ、ゆで卵などが入った弁当1100円などもある。

☎070-9040-2727　🏠高市郡明日香村越11-4　🕐10:00～16:00（イートイン11:00～14:00）※売り切れ次第閉店　休月～水曜（変更の場合あり、公式SNSを要確認）　MAP P112A3

🛍 飛鳥びとの館
あすかびとのやかた

観光情報もみやげも

飛鳥駅前にある総合観光案内所。物販コーナーには地元産イチゴ「あすかルビー」のジャムや猿石をモチーフにした置物など、飛鳥ならではのみやげを揃えている。

☎0744-54-3240
🏠高市郡明日香村越6-3
🕐8:30～17:00
休無休　MAP P112A2

生駒　奈良
王寺　天理
高田　桜井
★ 飛鳥②
吉野口

［飛鳥・藤原京］

飛　鳥 ②

あすか②

●歩く時間 >>> 約1時間40分　　　●歩く距離 >>> 約5.6km

半日コース　START

バス停 石舞台 ≫ ❶ 岡寺 ≫ ❷ 飛鳥宮跡 ≫ ❸ 甘樫丘 ≫

近鉄奈良駅から
近鉄奈良線で約5分
大和西大寺駅で
乗り換え、
近鉄橿原線急行で31分、
橿原神宮前駅下車、
バス停橿原神宮前駅
東口から奈良交通バス
で21分、1030円

徒歩15分

徒歩16分（所要30分）

徒歩23分（所要10分）

徒歩14分（所要20分）

300m >
150m >
高低差 0m >
石舞台　バス停

❶

❷

距離 > 1km　　　> 2km

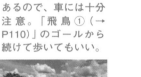

甘樫丘の山頂展望台。畝傍山・耳成山・
香具山の大和三山も眺められる

偉人たちが足跡を残した古代の歴史舞台を巡る

近鉄飛鳥駅から飛鳥路を東へたどってきた「飛鳥①（→P110）」に続き、ここでは石舞台古墳から北へ歩いて行こう。まずは坂道を上って、飛鳥の東方の山裾にたたずむ岡寺へ。厄除け観音として名高い本尊の如意輪観音像を拝んだら、大化の改新の舞台となった飛鳥宮跡を訪ねる。ここからは田畑の中の細い道をくねくねと進んで行き、甘樫丘へ登る。丘全体が国営飛鳥歴史公園として整備されており、山頂展望台からは大和三山が浮かぶ奈良盆地や飛鳥の里を一望できる。丘を下ったら、日本初の水時計台跡とされる水落遺跡を見学し、飛鳥寺へ。蘇我馬子が6世紀末に創建した日本初の本格的寺院で、本尊の飛鳥大仏（釈迦如来坐像）は日本最古の仏像として知られている。さらに飛鳥坐神社を参拝後、飛鳥資料館を見学。飛鳥の歴史・文化をおさらいしよう。

おさんぽアドバイス

ルートの途中には目的地を案内する標識が随所にある。道に迷った時にはまず案内表示を探そう。ところどころ交通量が増える場所もあるので、車には十分注意。「飛鳥①（→P110）」のゴールから続けて歩いてもいい。

飛鳥②

●おすすめ季節 >>> 春 🌸（4〜5月）

④ 水落遺跡	徒歩6分	⑤ 飛鳥寺	徒歩5分	⑥ 飛鳥坐神社	徒歩14分	⑦ 飛鳥資料館	徒歩7分	GOAL バス停明日香奥山・飛鳥資料館西

（所要10分）

（所要20分）

（所要20分）

（所要60分）

近鉄奈良駅へは奈良交通バスで11分、橿原神宮前駅東口下車、橿原神宮前駅から近鉄橿原線急行で31分、大和西大寺駅で乗り換え、近鉄奈良線で約5分、910円

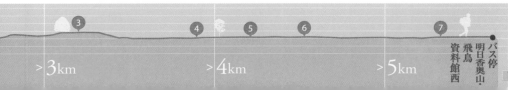

>3km   >4km   >5km

バス停明日香奥山・飛鳥資料館西

飛鳥②

広域図は
P173へ

N

0   100m

1:15,000

飛鳥

橿原
神宮前

1 岡寺

飛鳥

1 P110

香阪山

奥山

雷

山田寺

ゴール **7** 飛鳥資料館

ここまで
5km

明日香奥山・
飛鳥資料館西

飛鳥資料館

桜井市
山田

甘樫丘

甘樫橋

飛鳥

豊浦

4 水落遺跡

飛鳥北局

奥山

6 飛鳥坐神社

八釣

3 甘樫丘

ここまで
3km

飛鳥歴史公園
甘樫丘地区

ここまで
4km

入鹿の首塚
P138

飛鳥大仏

大佛屋 P121

5 飛鳥寺

明日香民俗資料館

奈良県立万葉文化館
万葉集を中心に日本の古
代文化を紹介するミュー
ジアム。古代人の実物大
のジオラマもあり、生活の
様子が学べる (→P108)。

万葉文化館西口

飛
鳥
川

岡

ここまで
2km

酒船石
P120

2 飛鳥宮跡

岡天理教前

飛鳥の里 めんどや
P121

ここまで
1km

亀石 P114

野口

3

明日香村役場

明日香村役場

天武・持統陵

野口 明日香小

川原

川原寺 P114

岡橋本

明日香局

岡戎前

恵比寿神社

沿田神社

1 岡寺

橘寺
P114

橘

犬養万葉記念館
P115

岡寺前

cafe ことだま
P121

健康福祉センター

健康福祉センター

定林寺跡

定林寺

明日香村

島庄

スタート

石舞台

石舞台古墳
P115

飛鳥歴史公園
石舞台地区

上居

専称寺

冬野川

亀形石造物
真上から見ると亀の形をし
たような石造物。甲羅の部
分に水が溜まる仕組みにな
っており、神聖な儀式に使
われたともいわれている。

青
野
川
分
水
東
部

立部

飛鳥歴史公園
祝戸地区

祝戸

飛鳥稲淵宮殿跡

阪田

都塚古墳

平田

稲渕

A   B   C

118

仁王門と書院は国の重要文化財
に指定されている

❶ 岡寺
おかでら

厄除けの観音様を拝観

天武天皇の子・草壁皇子の宮を義淵僧
正が寺に改めたことに始まる。高さ約
4.5mにおよぶ本尊の如意輪観音像は日本
最大級の塑像で、厄除観音として信仰さ
れている。西国三十三所巡りの第7番札所
でもあり、つねに参詣者で賑わう。境内は
シャクナゲやサツキの名所としても有名。

☎0744-54-2007 📍高市郡明日香村岡806 🕐8:30～17:00
(12～2月は～16:30)※本堂内陣の拝観は4～12月 🈳無休
💴400円 MAP P118C3

三重塔の内部に復元された扉絵と壁絵は、
年に一度10月第3日曜に公開されている

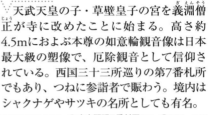

❷ 飛鳥宮跡
あすかきゅうせき

大化の改新始まりの地

皇極天皇4年(645)、
中大兄皇子と中臣鎌足が
手を組み、皇極天皇の宮
殿であったこの地で蘇
我入鹿を暗殺。父の蝦夷
を自殺させ、強大な権力
を誇っていた蘇我氏を滅
亡へと追いやった、歴史
上の事件現場である。今
は石敷き広場や井戸が復
元されている。

☎0742-27-9866(奈良県文化
財課) 📍高市郡明日香村岡
🕐🈳💴見学自由
MAP P118B3

古代においては、この辺りが
飛鳥の中心だった

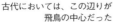

飛鳥②

❸ 甘樫丘
あまかしのおか
飛鳥の里を一望できるスポット

『日本書紀』にも記されている、標高約150mの丘。一帯は国営飛鳥歴史公園として整備されており、北麓から徒歩10分ほどで登ることができる展望台からは、大和三山をはじめ、藤原宮跡、飛鳥古京を見渡すことができる。

☎0744-54-2441（飛鳥管理センター）
🏠高市郡明日香村豊浦
⏰休料散策自由
MAP P118A2

展望台から見た飛鳥の里

1階に水時計、2階には都中に時を知らせる鐘があった

❹ 水落遺跡
みずおちいせき
日本初の漏刻台の跡地

中大兄皇子が造った漏刻台（水時計台）の跡といわれており、中国から伝播した時間の概念を積極的に当時の政治に取り入れようとしていたことがうかがえる。今は礎石の一部が残るのみで、全体像の詳細は飛鳥資料館に再現されている。

☎0744-54-5600（明日香村文化財課）
🏠高市郡明日香村飛鳥
⏰休料見学自由
MAP P118B2

飛鳥大仏を祀る本堂前の礎石は創建当時のもの

1400年前からずっと同じ場所に坐す飛鳥大仏

❺ 飛鳥寺
あすかでら
日本最古の仏像「飛鳥大仏」が鎮座

飛鳥時代の大権力者・蘇我馬子が6世紀末に創建した日本初の本格的寺院。本堂に祀られる本尊の釈迦如来坐像（重文）は、7世紀初めに造られた日本最古の仏像として有名。「飛鳥大仏」と呼ばれ昔も今も信仰されている。

☎0744-54-2126　🏠高市郡明日香村飛鳥682　⏰9:00〜17:30（受付17:15）、10〜3月は〜17:00（受付16:45）
🈲4月7日〜9日（花会式のため）　料350円　MAP P118B2

歩きたい散歩道

飛鳥のミステリーストーンを訪ねる②

明日香民俗資料館の南東、竹林に囲まれた小高い丘に酒船石（さかふねいし）と呼ばれる花崗岩の石造物がある。長さ約5m、幅約2mの巨大な板石の表面には人工的に彫られたであろう謎の窪みが。周辺で木樋が発見されていることから、水に関係する道具または施設と推測される。宮殿の庭に水を流すための水路、酒造や薬の調合のための道具、天文観測に使われていたなど諸説があり、飛鳥ミステリーの一つとされている。

【酒船石】☎0744-54-5600（明日香村文化財課）⏰休料見学自由
🏠高市郡明日香村岡
MAP P118C2

何かに流用するため割られた形跡がある

小高い鳥形山の森に鎮座する

❻ 飛鳥坐神社
あすかにいますじんじゃ

豊かさと繁栄を導く神さま

80万神を統率し、幸福を導かれる神さま。境内には、子授けにご利益があるという陰陽石がいくつも祀られている。2月第1曜には、天狗とお多福が夫婦和合の様子をユーモラスに演じる「おんだ祭」が行われ、多くの参拝者で賑わう。

☎0744-54-2071　🈯高市郡明日香村飛鳥708　🈺境内自由
MAP P118B2

春はミニ展示、秋は特別展、夏は企画展も開催される

❼ 飛鳥資料館
あすかしりょうかん

飛鳥の歴史を紐解く資料館

奈良文化財研究所の博物館。高松塚古墳出土の鏡や飾り金具をはじめ、明日香村の遺跡で発掘された貴重な品々を展示している。1994年には山田寺の回廊を再現した展示室を増設。飛鳥路に点在する史跡の復元模型などを見ながら往時に思いを馳せよう。

前庭には飛鳥の石造物の模刻が

☎0744-54-3561
🈯高市郡明日香村奥山601
🈺9:00～16:30
（入館は～16:00）
🈲月曜（祝日の場合は翌日）、12月26日～1月3日
🈯350円　**MAP** P118C1

おさんぽの途中に！ 立ち寄りグルメ＆ショップ

☕ café ことだま
かふぇ ことだま

ランチもスイーツも大人気！

築200年近い、元造り酒屋の母屋を改装した人気カフェ。風情たっぷりの空間で、地元の旬の食材をふんだんに取り入れた「ことだまランチ」1600円やスイーツが味わえる。

☎0744-54-4010　🈯高市郡明日香村岡1223　🈺10:00～16:30（土・日曜、祝日は～17:00）　🈲火曜、第3水曜　**MAP** P118B3

🍲 飛鳥の里 めんどや
あすかのさと めんどや

食べてみたい名物の飛鳥鍋

飛鳥鍋（単品2750円）は、牛乳を加えた和風ダシベースのスープで、地鶏や地野菜を煮て食べる。これに柿の葉すしなどが付く飛鳥鍋コース3850円も。各注文は2人前～。

☎0744-54-2055　🈯高市郡明日香村岡40　🈺11:00～売り切れ次第終了　🈲不定休　**MAP** P118B3

🛍 大佛屋
だいぶつや

古代のチーズはどんな味？

飛鳥寺の山門前にあるみやげ物店。古代のチーズといわれる「飛鳥の蘇」1200円、牛乳を原料にしたお酒「乳華」960円、しょうがせんべいなど、飛鳥らしい商品が揃っている。

☎0744-54-3046　🈯高市郡明日香村飛鳥690　🈺10:30～17:00　🈲不定休　**MAP** P118B2

大和三山の畝傍山と麓の名所を訪ねる

● 歩く時間 >>>
約1時間50分

● 歩く距離 >>>
約5.7km

● おすすめ季節 >>>
秋🍁（10〜11月）

久米仙人の伝説で知られる久米寺から、第一代天皇・神武天皇とその皇后を祀る橿原神宮を参拝し、大和三山の一つ、畝傍山に登る歴史ウォーキングコース。標高約200mの山頂へは徒歩30分ほど。北東の麓には濠を巡らせた神武天皇陵が広がる。日本最大の円筒埴輪など貴重な資料が並ぶ橿原考古学研究所附属博物館も見逃せない。

おさんぽアドバイス

久米寺から畝傍山まで自然と歴史を満喫するコース。畝傍山の登山道は急坂もあるので、歩きやすい靴で臨みたい。

橿原
・かしはら・

半日コース START

| 橿原神宮前駅 | ① 久米寺 | ② 橿原神宮 | ③ 畝傍山 | ④ 奈良県立橿原考古学研究所附属博物館 | GOAL 橿原神宮西口駅 |

近鉄奈良駅から近鉄奈良線で約5分、大和西大寺駅で乗り換え、近鉄橿原線急行で31分 590円

徒歩8分 （所要20分）

徒歩17分 （所要30分）

徒歩30分 （所要15分）

徒歩30分 （所要60分）

徒歩25分

近鉄奈良駅へは近鉄南大阪線で2分、橿原神宮前駅で乗り換え、近鉄橿原線急行で31分、大和西大寺駅で乗り換え、近鉄奈良線で約5分 590円

300m >
150m >
高低差 0m >

橿原神宮前駅　① ②　③　④　西口駅 神宮 橿原

距離 > 1km > 2km > 3km > 4km > 5km

橿原

うねびやまぐちじんじゃ
畝火山口神社
かつては大和国内の山口社6社のうちの一つであり、安産のご利益で知られる。畝傍山頂を西に下って赤い鳥居が目印。

神武天皇陵

畝傍御陵前

3 奈良県立橿原考古学研究所附属博物館

大久保町

社会福祉総合センター

城殿町

④ 畝傍山
▲199m

ここまで **3km**

大谷町

畝傍町

畝傍御陵前駅

考古学研究所

御坊町

池田神社

ここまで **4km**

栄和町

②

東大谷日女命神社

ここまで **2km**

体育館

橿原体育館

橿原公苑

近鉄橿原線

② 橿原神宮

橿原森林遊苑 P124

ニュー喫茶ポルカドット P125

橿原市

ここまで **1km**

久米町東

橿原神宮西口駅

ゴール

橿原神宮庁
橿原神宮崇敬会館

ここまで **5km**

橿原神宮前

埴輪まんじゅう本舗 P145

西池尻町

法林寺

近鉄南大阪線

橿原オーク

橿原神宮前駅

Grand Mercure Nara Kashihara **3**

橿原西池尻局

奈良芸術短大

① 久米寺

久米寺

橿原神宮前駅西口

丈六

橿原学院高

橿原神宮前駅西口

聖心学園中等

久米町

御縣神社

久米

スタート

ふかだいけ
深田池
橿原神宮の境内南に広がる憩いの場。遊歩道が巡る池には、春には桜が咲き、季節ごとにさまざまな水鳥が集まる。

吉方庵 橿原店 P125

久米南口

畝傍南小

見瀬

高取川

白橿町（一）

鳥屋近隣公園

久米橋

近鉄吉野線

鳥屋池

白橿町（三）

白橿町（二）

見瀬町

鳥屋町

岡寺駅へ

123

本堂は江戸時代に再建されたもの。空海もこの寺で修行を積んだといわれる

❶ 久米寺
くめでら
仙人伝説の残る古寺

聖徳太子の弟・来目皇子が建立したとされる。一方、飛行中に洗濯をする娘の足に見とれて墜落した久米仙人が創建したとの伝説もある。本堂には久米仙人の歯と髪を植えた自作像の久米仙人坐像を安置。アジサイ寺としても知られる。

☎0744-27-2470 ⊕橿原市久米町502
⊕9:00〜16:30 ㊡無休 ⊛境内自由、
本堂400円（変更の場合あり） MAP P123B3

山門には仁王像が安置され、迫力の表情で出迎えてくれる

多宝塔（重文）は京都仁和寺からの移築

▶歩きたい散歩道

> 街なかのオアシス
> 橿原森林遊苑を歩く

橿原森林遊苑（MAP P123B2）は、橿原神宮の表参道の北側に広がる園地。面積は10万㎡にもおよぶ。一帯には、昭和15年（1940）の紀元2600年祭を記念して、全国各地から献木されたアラカシ、シラカシ、クスノキ、マツなど約8万本が植えられ、現在は約15万本となり、深い森となっている。このほか芝生広場や休憩所なども整備されており、市民の憩いの場として親しまれている。

お弁当を持ってピクニックにも

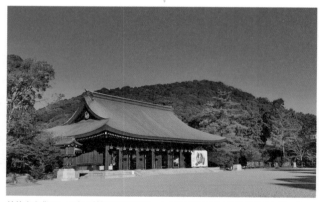

畝傍山を背にして立つ外拝殿の脇には、その年の干支の大絵馬が飾られている

❷ 橿原神宮
かしはらじんぐう
神武天皇即位の地

畝傍山の麓に約53万㎡もの神域を擁する。祭神は第一代天皇の神武天皇と皇后。神武天皇が即位されたという橿原宮址に、明治23年（1890）に創建された。京都御所の内侍所（賢所）を移築した本殿は重要文化財に指定されている。

外拝殿から見た内拝殿

☎0744-22-3271 ⊕橿原市久米町934 ⊕日の出〜日没（宝物館は10:00〜15:00、土・日曜、祝日9:00〜16:00）㊡宝物館は臨時休館あり ⊛宝物館500円（企画展により異なる）MAP P123B2

人形（ひとがた）、動物形、家形などさまざまな埴輪が見られる

❸ 奈良県立橿原考古学研究所附属博物館
ならけんりつかしはらこうこがくけんきゅうしょふぞくはくぶつかん

古代のロマンに思いを馳せて

橿原考古学研究所が発掘調査した県下各地の遺跡の出土品を展示。藤ノ木古墳（→P81）の豪華な副葬品（国宝）、メスリ山古墳の日本最大の円筒埴輪（重文）など貴重な資料が多く、古代日本の歴史を目でたどることができる。2021年にリニューアルオープン。

藤ノ木古墳で出土した古代の貴人の靴（復元品）

☎0744-24-1185　🏠橿原市畝傍町50-2　🕐9:00～17:00（入館は～16:30）　🈺月曜（祝日の場合は翌日）　💴400円（特別展期間は別途）　MAP P123B2

❹ 畝傍山
うねびやま

大和三山の一つ

『古事記』によると、神武天皇が宮殿を造った地が畝傍山の麓といわれている。耳成山、香具山とともに国の名勝指定を受けた大和三山の一つであり、山頂までは徒歩30分ほど。山麓には神武天皇陵などがある。

☎0744-20-1123（橿原市観光協会）　🏠橿原市畝傍町ほか　🕐🈺入山自由　MAP P123A2

標高199.2mと大和三山の中で最も高い山。多くの人々が訪れるウォーキングコースとして知られる

橿原

おさんぽの途中に！　## 立ち寄りグルメ＆ショップ

☕ ニュー喫茶ポルカドット
にゅーきっさぽるかどっと

どこか懐かしいニュー喫茶

シックな雰囲気の店内は、喫茶から食事、バー使いまでOK。自家焙煎珈琲500円や名物のたまごサンド750円、昼はみずたまプレート1500円が人気。店内は禁煙。
☎0744-23-8777
🏠橿原市久米町708コレツィオーネ2階　🕐11:00～18:30LO（水・土曜は～22:30LO）　🈺月曜　MAP P123C3

🏠 吉方庵 橿原店
きっぽうあん かしはらてん

餡と生地の絶妙なハーモニー

職人が丁寧に手作りする上品な甘さの「しずる餡」などを使い、作り上げた多彩な和菓子を用意。なかでもどら焼き「三山っ子」は餡のおいしさで老若男女に愛される逸品。
☎0744-26-1800
🏠橿原市久米町397-1　🕐9:00～19:00　🈺1月1日　MAP P123B3

🏠 埴輪まんじゅう本舗
はにわまんじゅうほんぽ

ユニークな形の定番みやげ

こし餡の甘みとカステラのふんわりとした口当たりが素朴な埴輪まんじゅう（2個入り220円～）。形は武人、馬、壺、鈴の4種類あり、今や橿原エリアの名物となっている。
☎0744-23-2525
🏠橿原市久米町905-2橿原オークホテル1階　🕐7:30～20:00　🈺無休　MAP P123C3

［飛鳥・藤原京］

今井町
藤原京

:いまいちょう:

~ふじわらきょう~

●歩く時間 >>>約**2**時間   ●歩く距離 >>>約**6.0**km

半日コース **START**

八木西口駅 ≫ **①河合家住宅** ≫ **②旧米谷家住宅** ≫ **③今西家住宅**（要予約） ≫

近鉄奈良駅
から
近鉄奈良線で
約5分、
大和西大寺駅で
乗り換え、
近鉄橿原線
急行で25分
530円

徒歩
8
分

（所要20分）

徒歩
8
分

（所要15分）

徒歩
12
分

（所要15分）

徒歩
15
分

200m >
100m >
高低差 0m >

八木西口駅

① ② ③ ④

距離 >**1**km   >**2**km

江戸時代の町並みを訪ね古えの都に思いをはせる

かつて馬をつなぐために使われていた金具など当時を偲ばせるものが数多く残る

戦国時代に寺内町として成立し、江戸時代には豪商が軒を連ねた今井町から、日本初の都・藤原京の旧跡を巡るコース。「大和の金は今井に七分」といわれるほど栄えた今井町には、重要文化財9件を含む約500棟もの伝統的建造物が残り、まるで江戸時代にタイムスリップしたかのよう。そぞろ歩くだけでも楽しいが、内部見学ができる住宅や、カフェとして利用できる建物もある。歩みを東へ進め飛鳥川を越えると、「バラの寺」として知られるおふさ観音。春・秋の境内は特に美しい。さらに東へ向かうと大和三山を望む広大な藤原宮跡が広がっている。春は菜の花、秋はコスモスなどの花々に彩られる市民憩いのスポットだが、今から1300年ほど前はここが日本の中心だった。往時の模型などを展示する橿原市藤原京資料室にも立ち寄り、古代の都のイメージを膨らませよう。

おさんぽアドバイス

江戸時代の面影を残す、国の重要伝統的建造物群保存地区の今井町から広大な藤原宮跡へ。高低差も少なく歩きやすいが、距離は長いので履き慣れた靴で歩こう。東に位置する香具山に登るのもおすすめ。

今井町・藤原京

● おすすめ季節 >>> 春 🌸 (4~5月)

④ 今井まちなみ交流センター華甍	⑤ おふさ観音	⑥ 藤原宮跡	⑦ 本薬師寺跡	GOAL 畝傍御陵前駅

（所要15分）

徒歩22分

（所要20分）

徒歩20分

（所要20分）

徒歩26分

（所要15分）

徒歩7分

近鉄奈良駅へは近鉄橿原線急行で30分、大和西大寺駅で乗り換え、近鉄奈良線で約5分590円

畝傍御陵前駅

御陵前駅

> 3km　　> 4km　　> 5km　　> 6km

今井町・藤原京

広域図は
P172へ

N
0   200m
1:20,000

A B C

新ノ口駅へ↑

1

上品寺町

新賀町

新賀町

八木中

米川

地黄町

内膳町
(四)

内膳町
(五)

木原町

▲139m

小綱町

内膳町
(三)

内膳町
(二)

駅 近鉄

大和八木駅

北八木町
(一)

北八木町
(二)

〒 橿原新賀局

耳成山
みみなしやま

大和三山の中で一番標高
が低い（約140m）ので登
りやすい。山上には耳成山
口神社、麓には万葉歌碑
が立つ公園がある。

近鉄大阪線

醍醐町

万葉まほろば線
（桜井線）

2 旧米谷家住宅

今井町の町並み
P129

町家茶屋 古伊
P131

Hack
berry
P131

スタート

八木西口駅

内膳町
(一)

八木町
(一)

八木町
(二)

八木町
(三)

市役所前

橿原市役所

ここまで
1km
今井町

2

ここまで
2km

南八木町
(一)

南八木町
(二)

南八木町
(三)

橿原橋

今井町 〒

今井小

3 今西家住宅

四条

兵部町

医大病院前

医大病院玄関口

晩成小

大願寺

5 おふさ観音

ここまで
3km

縄手町

縄手町

6 藤原宮跡

1 河合家住宅

橿原署

県立医大

県立医大病院

ここまで
4km

高殿町

**4 今井まちなみ
交流センター華甍**

四条町

小房町

**総本家
さなぶりや**
P131

橿原市藤原京資料室前

鴨公小

飛騨町

別所町

3

山本町

神武天皇陵

大久保町

小房

かしはら万葉ホール

かしはら万葉ホール

四分町

畝傍北小

オークワ

橿原市

飛騨町

善行寺

藤原京
朱雀大路跡

ここまで
5km

上飛騨町

四条町

**奈良県立橿原考古学
研究所附属博物館**
P125

畝傍山 P125
▲199m

大谷町

考古学研究所

池田神社

東大谷日女命神社

畝傍町

畝傍御陵前駅

ゴール

城殿町

城殿町

ここまで
6km

7 本薬師寺跡

橿原市藤原京資料室
かしはら ふじわらきょう しりょうしつ

藤原宮跡内に位置し、藤
原京の模型や出土品が展
示されている。藤原京の
様子を再現したCGにも注
目したい。

4

橿原神宮 P124

橿原森林遊苑

橿原公苑

御坊町

栄和町

栄和町

田中町

橿原神宮西口駅

深田池

近鉄南大阪線

久米寺 P124

久米町東

和田町

西池尻町

橿原神宮前駅

A

B

石川町

大和橿原病院

C

今井町に残る唯一の酒造場。軒先に吊るされた杉玉が町家風情を引き立てる

❶ 河合家住宅
かわいけじゅうたく

往時の面影を伝える商家

18世紀後半から現在に至るまで、造り酒屋を営む歴史ある商家。つし2階（中2階）形式の建物が主流のこの辺りでは、あまり見かけることのない2階建ての大型町家様式になっている。玄関には新酒ができたことを知らせる杉玉が飾られている。

風格あふれる2階建ての町家

純米酒「うねび」720㎖1419円などさまざまな銘酒を販売している

☎0744-22-2154　⊕橿原市今井町1-7-8
⊕9:00〜12:00、13:00〜16:00
⊛不定休　⊜100円　MAP P128A2

中町筋北側に立つ。見学時は丁寧にみどころをガイドしてくれる

❷ 旧米谷家住宅
きゅうこめたにけじゅうたく

保存状態のよい江戸時代築の商家

「米忠」の屋号で金具商を営んでいた商家で、江戸時代後期には増築や数奇屋風の蔵前座敷の増設も行われた。界隈には珍しく広い土間や煙返しなど、農家風の造り。重要文化財指定の住宅のうち、唯一住居として使用せず、内部が一般公開されている。

☎0744-23-8297
⊕橿原市今井町1-10-11
⊕9:00〜12:00、13:00〜17:00（入館は〜16:30）
⊛12月25日〜1月5日
⊜見学無料
MAP P128A2

▶ 歩きたい 散歩道

ノスタルジックな今井町の町並みを歩く

戦国時代に寺内町として誕生した後、江戸時代には「大和の金は今井に七分」といわれたほどの大商業都市に発展。今も当時の佇まいを残す町家の造りや、個性的な駒つなぎなど、個性的な町家の造りを楽しみながら歩きたい。内部を公開している場所はぜひ見学を。

東西約600m、南北約310mのエリアは「重要伝統的建造物群保存地区」に選定されている。約500棟の古い建物のうち、9件が国の重要文化財。煙出しや虫籠窓、

今井町の町並み（MAP P128A2）

③ 今西家住宅
いまにしけじゅうたく

古代豪族・十市縣主の末裔の邸宅

今井町の自治行政を司る惣年寄の筆頭を務めていた今西家の邸宅。慶安3年(1650)に再建した「八つ棟」と呼ばれる城郭風の建物は、国の重要文化財に指定されている。罪人の裁きを行っていたお白洲も見ることができる。見学はなるべく予約を。

☎0744-25-3388(〈公財〉十市県主今西家保存会)　🏠橿原市今井町3-9-25　🕐10:00～17:00　休月曜(祝日の場合は翌日)　💴500円　MAP P128A2

罪人の裁きが行われていた土間はかつての厳粛な雰囲気を残す

④ 今井まちなみ交流センター華甍
いまいまちなみこうりゅうせんたーはないらか

今井町の情報発信基地

左右に配された翼廊が印象的な明治建築で、博物館として建設されたが、昭和前期には町役場として使われていた。現在は今井町の歴史を、町の復元模型や映像でさまざまな角度から分かりやすく紹介する資料館になっている。

☎0744-24-8719　🏠橿原市今井町2-3-5　🕐9:00～17:00(入館は～16:30)　休無休　入館無料　MAP P128A2

和洋折衷の明治建築が存在感を放つ

⑤ おふさ観音
おふさかんのん

美しい花まんだらの寺

江戸時代の初め、おふさという娘がこの地で観音様を祀ったのが始まりとされる。仏の世界「まんだら」を境内に花で表現した「花まんだら」が有名。春と秋にはイングリッシュローズなど約3800種の見事なバラが咲き誇り、バラまつりも開催される。

☎0744-22-2212　🏠橿原市小房町6-22　🕐7:00～17:00(本堂は9:00～16:00)　休無休　💴境内自由、本堂300円　MAP P128B2

最高級のバラ、ダマスクローズ使用の無添加バラジュースは春と秋のバラまつり限定メニュー。境内の茶房で味わえる

色とりどりのバラが咲き誇り、境内は上品な香りに包まれる

❻ 藤原宮跡
ふじわらきゅうせき

大和三山を望む広大な宮殿跡

☎0744-21-1114(橿原市世界遺産登録推進課)　⑭橿原市高殿町ほか
⊛働料見学自由　MAP P128C3

持統天皇8年(694)に完成した藤原京の中心部の遺跡。藤原京は日本初の都城で、約1km四方の藤原宮には大極殿などがあった。現在は国の特別史跡として保存。菜の花やコスモスなどが季節ごとに咲き、大和三山の眺望スポットともなっている。

東には香具山が見える

門があったことを示す模造柱

本薬師寺東塔跡。奥に見えるのは畝傍山

金堂の礎石群

❼ 本薬師寺跡
もとやくしじあと

現・薬師寺の前身

天武9年(680)、天武天皇が皇后の病気平癒のため建立に着手、文武2年(698)に伽藍がほぼ完成。その後、平城京遷都の際に、現在の奈良市西ノ京へ移転した。今では礎石と土壇だけを残し、かつての伽藍の跡を伝えている。

☎0744-20-1123(橿原市観光協会)　⑭橿原市城殿町
⊛働料見学自由　MAP P128C4

今井町・藤原京

おさんぽの途中に!

立ち寄りグルメ&ショップ

☕ 町家茶屋 古伊
まちやちゃや ふるい

甘味でほっとひと息

かつて材木商や造り酒屋などを営んでいた築約300年の町家を利用した茶屋。抹茶アイスぜんざいなどの甘味、そばなどの軽食が味わえる。ガーデンカフェ「ふる伊音」を併設。

☎0744-22-2135　⑭橿原市今井町4-6-13　⑭10:30〜17:00(土・日曜、祝日は〜17:30)　働不定休(4・5・10・11月は月曜休<祝日の場合は翌日>)　MAP P128A2

☕ Hackberry
はっくべりー

町並みに溶け込む古民家カフェ

築150年以上の古民家を改修し、世界中のアンティークを加えたセンスのよい空間。多彩なフードをはじめ、ドイツ風パンケーキ「Dutch Baby」なども味わえる。

☎0744-29-0080　⑭橿原市今井町1-3-3　⑭11:00〜22:00(21:30LO)　働無休　MAP P129A2

🛍 総本家さなぶりや
そうほんけさなぶりや

ファンが多い小麦餅

奈良の農家で古くから作られてきた小麦餅を「さなぶり餅」の名で製造販売。きな粉と黒蜜をつけて味わう素朴な餅で、小麦のプツプツとした食感がクセになる。1個180円。

☎0744-22-2243　⑭橿原市縄手町243　⑭9:00〜17:00　働火曜　MAP P128B2

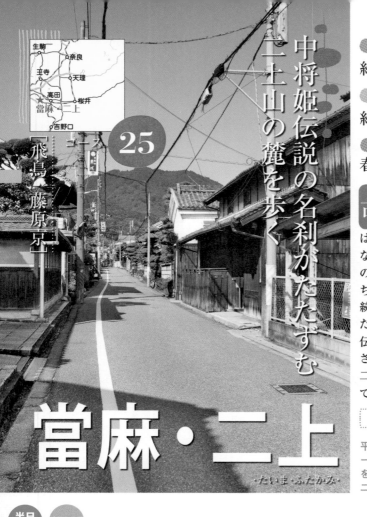

コース **25**

［飛鳥・藤原京］

中将姫伝説の名刹がたたずむ
二上山の麓を歩く

當麻・二上
・たいま・ふたかみ・

● 歩く時間 >>>
約1時間20分

● 歩く距離 >>>
約3.9km

● おすすめ季節 >>>
春 🌸（4〜5月）

古 代から聖なる山として仰がれた二上山。當麻はその麓に広がる、のどかな里だ。まずは當麻生まれの相撲の開祖・當麻蹴速にちなむ相撲館「けはや座」へ。続いて、中将姫が織り上げたという當麻曼荼羅を今に伝える名刹・當麻寺を拝観。さらに、石光寺へも参り、二上山麓のふるさと公園まで足を延ばそう。

☐ おさんぽアドバイス

平坦な道のりが続く歩きやすいコース。門前町の町並みや二上山を眺めながらゆっくり歩きたい。二上山登山コースもおすすめ。

半日コース **START**

当麻寺駅 ≫ 葛城市相撲館「けはや座」 ≫ 當麻寺 ≫ 石光寺 ≫ 二上山ふるさと公園 ≫ **GOAL** 二上神社口駅

近鉄奈良駅から近鉄奈良線で約5分、大和西大寺駅で乗り換え、近鉄橿原線急行で31分、橿原神宮前駅で乗り換え、近鉄南大阪線で15分
760円

徒歩8分

（所要20分）

徒歩15分

（所要40分）

徒歩18分

（所要20分）

徒歩15分

（所要20分）

徒歩22分

近鉄奈良駅へは近鉄南大阪線で20分、橿原神宮前駅で乗り換え、近鉄橿原線急行で31分、大和西大寺駅で乗り換え、近鉄奈良線で約5分
760円

200m
100m
高低差0m

当麻寺駅
❶
❷
❸
❹
二上神社口駅

距離 > 1km > 2km > 3km

當麻・二上

1:12,000

道の駅 ふたかみパーク當麻
味噌、けはや漬、地酒など葛城市の名産品が豊富に揃う。パンフレットや地図を設置するなど観光情報も充実している。

傘堂
一本の太い柱で屋根を支える、傘のような珍しい姿の小堂。かつては鐘が掛けられ、阿弥陀仏が祀られていたという。

実際に土俵に上がることができるとあって、来館者に人気

土俵の細部まで
忠実に再現している

❶ 葛城市相撲館「けはや座」
かつらぎしすもうかん けはやざ

相撲ファン必見の資料館

當麻出身の相撲の開祖・當麻蹴速にちなんで建てられた相撲資料館。館内には本場所と同じサイズの土俵と桟敷席が設置され、江戸時代の番付表や明け荷などの相撲資料が数多く展示されている。相撲ファンにはたまらない場所だ。

☎0745-48-4611　⊕葛城市當麻83-1
⊕10:00〜17:00　休火・水曜（祝日の場合は開館）　料300円（観光休憩所は無料）　MAP P133C4

駅から當麻寺へと向かう途中に立つ

◤ 歴史を学ぶ

和製シンデレラ
中将姫伝説

當麻寺の本尊、當麻曼荼羅を織り上げたとされる中将姫。鎌倉時代の『當麻曼荼羅縁起』には、蓮糸を使って一晩で一丈五尺の曼荼羅を織り上げた後、西方極楽浄土へ往生したとされる。毎年4月14日には、この伝説を再現した「練供養」が行われている。

中将姫。鎌倉時代の『當麻寺で仏門に入り、麻曼荼羅を織り上げたとされる中将姫は、継母に虐げられたことから當麻寺で仏門に入り、藤原豊成の娘として生まれた中将姫は、継母に虐げられたことから當麻寺で生まれた中将姫は、継母に虐げられたことから當麻寺へ往生したとされる物語によると、

當麻寺境内に立つ中将姫像

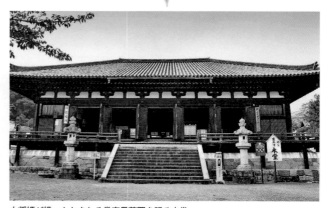

中将姫が織ったとされる當麻曼荼羅を祀る本堂

❷ 當麻寺
たいまでら

中将姫ゆかりの名刹

聖徳太子の異母弟、麻呂子親王が建立した寺を、當麻国見がこの地に移したと伝わる。金堂には日本最古の塑像で国宝の弥勒仏坐像（→P9）のほか、異国風の四天王像も。境内には日本で唯一奈良時代の三重塔が東西2基とも残る。塔頭はボタンの名所。

東西の三重塔は国宝

☎0745-48-2004（護念院）
⊕葛城市當麻1263
⊕9:00〜17:00　休無休
料本堂・金堂・講堂500円、各塔頭は別途　MAP P133A4

寒ボタンは12〜1月が見ごろ

❸ 石光寺
せっこうじ

最古の石仏とボタンの寺

中将姫がこの寺の井戸で蓮糸を染めたことから、「染寺」とも。創建は天智天皇の勅願で、日本最古の弥勒石仏が残る。境内には色とりどりのボタンや寒ボタン、シャクヤクなどの花が咲き、団体で予約すれば花説法を聞くことができる。

☎0745-48-2031 ⊛葛城市染野387
⏰9:00〜17:00(11〜3月は〜16:30)
休12月31日 ¥400円 MAP P133A2

四季折々の花が咲く芝生広場はピクニックにぴったり

❹ 二上山ふるさと公園
ふたかみやまふるさとこうえん

楽しい施設と自然を満喫

古来より神聖視されてきた二上山の裾野に広がる自然公園。敷地内には「芝生広場」「おもちゃ館」などの施設が充実。456段の長い石段を登れば奈良盆地を一望する展望台も。近くにある道の駅（→P133）では、地元の新鮮な素材を使った郷土料理が味わえる。

奈良盆地が一望できる展望台へと続く石段

☎0745-48-7800
⊛葛城市新在家492-1
⏰9:00〜17:00 休火・水曜
（祝日の場合は開園）
¥無料 MAP P133A2

おさんぽの途中に! 　　立ち寄りグルメ＆ショップ

☕ 中将堂本舗
ちゅうじょうどうほんぽ

ひと口サイズのよもぎ餅

草餅に餡をのせ、當麻寺に咲くボタンを表した中将餅は、ヨモギの香りと甘さ控えめの餡が絶妙。店内の茶房で味わえば2個400円（お茶付き）。持ち帰りは2個250円〜。

☎0745-48-3211
⊛葛城市當麻55-1
⏰9:00〜売り切れ次第終了
休不定休 MAP P133C4

🥢 薬庵
やくあん

風情たっぷりのそば処

當麻寺門前にある、築150年余の元旅館を改装したそば処。厳選した国産そばを石臼挽きし、丁寧に手打ちした自慢のそばを、風情ある店内で堪能できる。せいろ蕎麦1100円。

☎0745-48-6810
⊛葛城市當麻1256-2 ⏰11:45
〜14:30(夜〈コースのみ〉は2名以上
で要予約) 休金曜 MAP P133B4

🛍 文晃堂
ぶんこうどう

酒蔵を改装した文具店

明治期の造り酒屋を改装した文具＆ギャラリーカフェ。趣ある空間で鳩居堂の品々などの逸品を探したい。カフェでは香り高いスペシャルティコーヒーが味わえる。

☎0745-48-4317
⊛葛城市當麻888 ⏰10:00〜
17:00 休土・日曜(営業の場合あり
※要問合せ) MAP P133A3

[飛鳥・藤原京]

コース **26**

葛城山は奈良・大阪府県境に連なる金剛山地の一峰で、標高959m。高原状になった山上からの眺めは雄大で、西には奈良盆地の大パノラマが展開。東には大阪平野〜大阪湾が広がり、天気がよければ淡路島まで見渡せる。また春は一目百万本といわれるツツジが咲き誇り、秋は一面のススキ原になるなど、四季折々の景色が美しい。山頂付近には、食事や入浴の日帰り利用ができる国民宿舎もある。

MAP P137

葛城山ハイキング

1日コース

・かつらぎさん・

おさんぽアドバイス　葛城一言主神社経由で葛城古道を北へと歩く。山頂へはロープウェイを使う気軽なコースがおすすめ。春はツツジ秋はススキが山を彩る。

START　**バス停** 御所幸町
GOAL　**バス停** 葛城ロープウェイ前

❶ 葛城一言主神社
かつらぎひとことぬしじんじゃ

一言だけ願い事が叶う

「いちごんさん」の愛称で親しまれる古社。『古事記』や『日本書紀』にも登場する神さまで、願いを一言だけ叶えてくれるという一言主神を祀る。拝殿前には樹齢1200年の大銀杏も。

☎ 0745-66-0178
🏠 御所市森脇432
🕐 境内自由（授与所は9:00〜15:00）
休 無休　料 境内自由
MAP P137B3

願い事を一言にまとめて参拝

❸ 葛城山
かつらぎさん

四季折々の自然が美しい

金剛生駒紀泉国定公園内に位置し、標高959m。緩やかなスロープが広がる山頂からは奈良盆地から大阪湾までのパノラマが楽しめる。一目百万本といわれる春のツツジが美しい。

☎ 0745-62-3346（御所市観光協会）
🏠 御所市櫛羅
🕐 周辺自由
MAP P137A1

山頂付近から見た御所市内

❷ 葛城山ロープウェイ
かつらぎさんろーぷうぇい

山頂から大和・大阪平野を一望

山頂付近まで、全長約1400mを約6分で結ぶロープウェイ。360度見渡せるガラス張りの視界は圧巻。山頂付近では、5月にはツツジが咲き誇り、秋にはススキが埋め尽くす。

☎ 0745-62-4341
🏠 御所市櫛羅2503-1
🕐 9:10〜17:00
休 無休（天候不良時など運休の場合あり）　片道950円（往復1500円）
MAP P137B1

眼下にはシャクナゲの絨毯が

ココもおすすめ

葛城登山道
かつらぎとざんどう

山頂までは徒歩約2時間

ロープウェイ葛城登山口駅からは、所要約2時間の2つの登山ルートがある。「櫛羅の滝コース」には、役行者が修行したと伝わる「櫛羅の滝」があり、「北尾根コース」は素晴らしい展望を楽しみながら歩くことができる。

☎ 0745-62-3346
（御所市観光協会）
🏠 御所市櫛羅
🕐 周辺自由
MAP P137B1

清らかな水が流れる櫛羅の滝

葛城山

広域図は P14へ

0 200m
1:28,000

3 葛城山
959m▲
国民宿舎 葛城高原ロッジ
千早赤阪村
キャンプ場
ここまで 8km
ここまで 7km
葛城天神社
葛城山上駅 **2 葛城山ロープウェイ**
不動の滝
くじらの滝
ここまで 9km
葛城登山道
P136
ここまで 6km
葛城登山口駅
葛城ロープウェイ前
不動禅寺

六地蔵石仏
ろくじぞうせきぶつ
幅約2mの大きな石に刻まれた六体の地蔵が道をふさぐように立っており、葛城古道を歩く人々を見守っている。

● 歩く時間 >>>
約2時間20分

● 距離 >>>
約9.9km

● おすすめ季節 >>>
春 (4〜5月) 🌸
秋 (9〜10月) 🍁

生駒 ○ 奈良
王寺 ● ● 天理
高田
桜井
★ 葛城山
吉野口

大阪府
奈良県

ゴール
櫛羅

ここまで 5km
小林
2 小林
猿目橋
小林口
櫛羅
鴨山口神社
櫛羅口
3

楢原
ここまで 4km

駒形大重神社
水分神社
関屋
御所市
九品寺
ここまで 3km

ここまで 2km
1 葛城一言主神社

安楽寺
鳥居
森脇
ここまで 1km

中村家住宅
なかむらけじゅうたく
葛城古道沿いに立つ豪壮な元代官屋敷。江戸時代初期の建築で、国の重要文化財に指定されている。内部見学は不可。

名柄
増 名柄小 豊田
名柄神社
名柄
東名柄
宮戸

幸町
信行寺
三室

スタート

佐田
多田 西寺田
宮戸橋
室
室
御所幸町 蛇穴
4
池之内
南郷
寺田橋
オークワ

A B C

1500m 御所幸町 バス停
750m
高低差 0m

御所幸町 バス停
1 2 3
葛城ロープウェイ前 バス停

距離 > 1km > 2km > 3km > 4km > 5km > 6km > 7km > 8km > 9km

藤原鎌足と大化の改新……

あすか
飛鳥

7世紀中ごろに行われたとされる一大政治改革「大化の改新」。
天皇を中心とする中央集権的な国家体制を目指したこの一連の改革は、
藤原鎌足が、中大兄皇子に接近することから始まった。

上）祭神・藤原鎌足の大化の改新の故事に由来する談山（たんざん）神社のけまり祭（→P159）　右上）談山神社拝殿　右中・右下）実際に蹴鞠の会が行われた飛鳥寺（→P120）

大化の改新の立役者

中臣鎌足（後の藤原鎌足）と中大兄皇子の君臣の出会いは、法興寺（飛鳥寺）で行われた蹴鞠の会だったといわれる。蹴鞠の最中に皇子の靴が脱げたのを鎌足が拾い、差し出したのがきっかけ。聖徳太子亡き後、政権内での権力を独占していた豪族・蘇我氏は、強力な反対勢力だった山背大兄王（太子の子）を一族ごと滅ぼし、時の実権を掌握していた。唐の律令制度を軸に天皇を中心とした中央集権国家を目指す中臣鎌足は、中大兄皇子と共謀し、蘇我入鹿を飛鳥板蓋宮で斬殺（「乙巳の変」）。この歴史的クーデターを皮切りに、成熟した国家を作り上げるための政治改革「大化の改新」が始まる。豪族中心の政治から天皇中心の政治への転換点となった出来事だ。

KeyWord
キーワード

天皇集権国家を確立するため、時の大豪族・蘇我氏を打倒し、公地公民や税制の整備、戸籍の作成などを行った一連の政治改革を大化の改新という。

大化の改新

❖ **藤原鎌足** ふじわらのかまたり

中臣鎌足。権力を天皇に戻すため、中大兄皇子とともに「乙巳の変」を起こし、蘇我入鹿をはじめ一族を一掃。すべての土地と民を国のものにする「公地公民」などの政治改革を実行した。藤原氏の祖といわれる。

❖ **中大兄皇子** なかのおおえのおうじ

鎌足と共に蘇我入鹿を倒し、大化の改新を進めた。その後、朝鮮半島の百済国を救援復興するも、白村江の戦いで敗れる。天智7年（668）、近江大津京に遷都し、天智天皇として即位した。

❖ **蘇我入鹿** そがのいるか

権力を独占するため、山背大兄王を一族もろとも滅亡させた飛鳥時代の大臣。政権を天皇に取り戻そうとした中大兄皇子と中臣鎌足によって、皇極天皇4年（645）に斬殺され、蘇我氏凋落の原因となった。

まだある！ゆかりの地

1. 飛鳥宮跡
あすかきゅうせき → P119

大化の改新（乙巳の変）の舞台となった皇極天皇の宮殿・飛鳥板蓋宮をはじめ、飛鳥時代の複数の宮殿遺構が重なっている遺跡。石を敷き詰めた広場が復元されている。

2. 入鹿の首塚
いるかのくびづか → MAP P118 B2

大化の改新で中臣鎌足に切られた蘇我入鹿の首は、空を飛んで執拗に鎌足を追いかけたという伝承がある。飛鳥寺の西にある五輪塔は、入鹿の首を供養するために建立されたものと伝わる。

［奈良］

吉野・五條

桜の名所吉野と宿場町として栄えた五條。
世界遺産の霊場と歴史ある町を巡る。

［吉野・五條］

★吉野山
王寺　天理　高田　桜井　吉野口

吉　野　山

よしのやま

● 歩く時間 >>> 約**1時間10分**　　● 歩く距離 >>> 約**3.6km**

半日コース　START

吉野駅 ≫ **① 七曲り坂** ≫ **② 金峯山寺** ≫ **③ 東南院** ≫

近鉄奈良駅から近鉄奈良線で約5分、大和西大寺駅で乗り換え、近鉄橿原線急行で31分、橿原神宮前駅で乗り換え、近鉄吉野線で47分 1030円

徒歩9分

（所要20分）

徒歩24分

（所要30分）

徒歩9分

（所要15分）

徒歩4分

600m >
300m >
高低差 0m >

吉野駅

①

距離 >**1km**

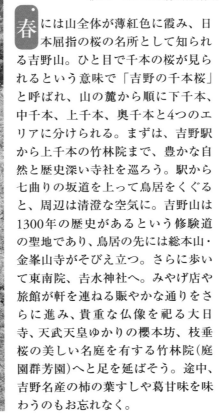

義経伝説と南朝の史跡 秀吉も愛した桜の山里

春には山全体が薄紅色に霞み、日本屈指の桜の名所として知られる吉野山。ひと目で千本の桜が見られるという意味で「吉野の千本桜」と呼ばれ、山の麓から順に下千本、中千本、上千本、奥千本と4つのエリアに分けられる。まずは、吉野駅から上千本の竹林院まで、豊かな自然と歴史深い寺社を巡ろう。駅から七曲りの坂道を上って鳥居をくぐると、周辺は清澄な空気に。吉野山は1300年の歴史があるという修験道の聖地であり、鳥居の先には総本山・金峯山寺がそびえ立つ。さらに歩いて東南院、吉水神社へ。みやげ店や旅館が軒を連ねる賑やかな通りをさらに進み、貴重な仏像を祀る大日寺、天武天皇ゆかりの櫻本坊、枝垂桜の美しい名庭を有する竹林院(庭園群芳園)へと足を延ばそう。途中、吉野名産の柿の葉すしや葛甘味を味わうのもお忘れなく。

おさんぽアドバイス

近鉄吉野駅から徒歩で吉野山を歩くコース。七曲り坂はかなり急だが、銅の鳥居前あたりからは比較的緩やかな傾斜になる。山里の一本道なので迷うことはなく、ほどよい距離でみどころの社寺が現れるので退屈しない。

※観桜期(GW含む)は、竹林院前〜吉野山駅は運休。観桜期後は土・日曜のみ運行。紅葉時期は毎日運行。冬期運休

吉野山

●おすすめ季節 >>>春🌸(4~5月)

 ④ 吉水神社

(所要30分)

徒歩8分

 ⑤ 大日寺

(所要20分)

徒歩12分

 ⑥ 櫻本坊

(所要20分)

徒歩1分

 ⑦ 竹林院(庭園群芳園)

(所要20分)

徒歩1分

GOAL バス停竹林院前

近鉄奈良駅へは吉野大峯ケーブルバス※で8分、吉野山駅で乗り換え、吉野山ロープウェイで3分、吉野駅から往路を戻る **1680円**

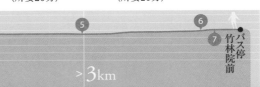

>2km >3km

⑦ バス停 竹林院前

吉野山

広域図は
P14へ

N

0 ── 100m
1:12,000

近鉄吉野線

吉野駅

スタート

Ⓐ　Ⓑ　Ⓒ

城山▲

①七曲り坂

下千本駐車場

千本口駅

ロープウェイ

よしのやま
吉野山ロープウェイ
日本最古のロープウェイ。千本口駅と吉野山駅を3分で結ぶ。春に眼下に広がる桜の眺めはなんともいえない美しさ。

※金〜月曜に運行(観桜期は毎日運行)。その他の曜日は代行バスが運行

旅館歌藤

吉野山駅
吉野山駅

ここまで
1km

陽ぼっこ
P145

桜三昧 器のやまもと

銅の鳥居
ひょうたろう

吉野町

萬松堂
P145

左曽川

金峯山寺前
(蔵王堂)

よしのやまさんどう
吉野山参道
桜のシーズンになると多くの人で賑わう。桜の和菓子や名物柿の葉すしなどのみやげ店が上千本まで軒を連ねる。

②金峯山寺

南朝妙法殿

芳魂庵

④吉水神社

◎一目千本 P144

吉野温泉

ここまで
2km

豆富茶屋 林
P145

③東南院

藤井利三郎薬房
葛処 横矢芳泉堂

勝手神社前

ここまで
3km

⑤大日寺

🅷景勝の宿 芳雲館

⑥櫻本坊

吉野山

中千本公園
如意輪寺口

⑦竹林院(庭園群芳園)

竹林院前

ゴール

Ⓐ　Ⓑ　Ⓒ

春には満開の桜のトンネルができる。絶景を楽しみながらゆっくり上りたい

① 七曲り坂
ななまがりざか

春の桜と初夏のアジサイ

吉野山の麓から、ロープウェイ吉野山駅へとつながる曲がりくねった坂道。春には道沿いに桜が咲き誇り、多くの人が散策を楽しんでいる。また、この坂道はアジサイが美しいことでも知られ、例年6月中旬〜7月上旬にみごろとなる。

初夏にはアジサイが

☎ 0746-32-1007
（吉野山観光協会）
🚉 吉野郡吉野町吉野山　時休料 散策自由
MAP P142A1

（桜みどころエリア）
○下千本…吉野山の入口にあたり、3月下旬〜4月上旬がみごろ。七曲り坂を上りながら眺める景色が美しい。

○中千本…金峯山寺から竹林院あたりまで。4月上旬〜中旬がみごろ。吉野山からの眺めもすばらしい。

○上千本…開花時期は4月上〜中旬。花矢倉展望台（MAP P148 B2）から見る壮大な桜の風景が見事。

○奥千本…西行庵（→P148）一帯の深山エリア。開花は4月中〜下旬と吉野山の中で最も遅い。

山一面に咲き誇る

② 金峯山寺 🌀 世界遺産
きんぷせんじ

修験道の根本道場

吉　野　山

修験道の祖・役行者が創建したと伝わる金峯山修験本宗の総本山。本堂の蔵王堂は古建築としては屈指の大きさ。秘仏本尊の金剛蔵王権現立像（→P7）は、毎年一定期間、国宝仁王門修理勧進のため特別に開帳される。

国宝に指定されている蔵王堂。高さ34m、四方36mの豪壮な建物だ

☎ 0746-32-8371　🚉 吉野郡吉野町吉野山2498　時 境内自由（蔵王堂は8:30〜16:00）　休 無休　料 蔵王堂800円（本尊ご開帳時は1600円）　MAP P142B3

後醍醐天皇の行宮だった実城寺跡に建立された南朝妙法殿

修験道の総本山にして吉野山の中心

寛治6年（1092）、白河上皇が金峯山に参詣した際、宿坊として利用されたという

❸ 東南院
とうなんいん

枝垂桜が美しい修験道の寺

金峯山修験本宗の別格本山で、山上ヶ岳にある大峯山寺の護持院の一つ。開基は役行者。一山の興隆と安泰を願い、金峯山寺蔵王堂の東南の方角に建てられたという。多宝塔前に咲く枝垂桜が美しく、また松尾芭蕉が滞在した時に詠んだ句の碑が立つ。

☎0746-32-3005　🏠吉野郡吉野町吉野山2416
🕐🚫💰境内自由　MAP P142B3

枝垂桜に彩られた多宝塔。塔内には平安時代後期作の大日如来坐像（県文化財）が祀られている

❹ 吉水神社　世界遺産
よしみずじんじゃ

後醍醐天皇と南朝の哀史を伝える

元は吉水院という修験宗の僧房で、明治時代に後醍醐天皇らを祀る神社となった。古くは源義経をかくまったことがあり、また京から吉野へ下ってきた後醍醐天皇はここを一時の御所とした。ゆかりの社宝が書院で見られる。

左の書院は重要文化財。右は本殿

☎0746-32-3024　🏠吉野郡吉野町吉野山579
🕐9:00～17:00（書院受付は～16:30）　🚫無休
💰境内自由、書院600円
MAP P142C3

左）文禄3年（1594）に豊臣秀吉が吉野山で盛大な花見を行った際には本陣となった
右）書院には「後醍醐天皇玉座の間」が残されている

⑤ 大日寺
だいにちじ

貴重な仏像を祀る

本尊は平安時代後期に造られた木造五智如来坐像。5体が揃って残っているのは非常に珍しく、重文に指定されている。大塔宮護良親王を守って壮烈な最期を遂げた村上義光・義隆父子の菩提所としても知られる。

☎0746-32-4354 　🏠吉野郡吉野町吉野山2357 　🕐境内自由 　🈳無休 　💴境内自由、本尊拝観500円 　MAP P142B3

豊臣秀吉の花見の際には、関白秀次の宿舎になった

全国でも稀な5体揃った五智如来を安置

⑥ 櫻本坊
さくらもとぼう

桜の夢が寺の始まり

冬に桜が咲く吉夢を見た大海人皇子（後の天武天皇）が、実際のその木を見つけ、そこに寺を建てたのが始まりという。本尊の役行者神変大菩薩像（重文）をはじめ多くの寺宝を所蔵する。

☎0746-32-5011 　🏠吉野郡吉野町吉野山1269 　🕐8:30～16:00 　🈳不定休 　💴境内自由、堂内拝観500円（特別ご開帳時は1000円） 　MAP P142C4

⑦ 竹林院（庭園群芳園）
ちくりんいん（ていえんぐんぽうえん）

庭園は大和三名園の一つ

聖徳太子が創建し、空海も参籠したと伝わる修験道の寺。池泉回遊式庭園の群芳園は、豊臣秀吉が桜見の宴を催した庭として有名。當麻寺（→P134）の塔頭である中之坊の庭園などと並んで、大和三名園に数えられている。

左）春は枝垂桜も美しい群芳園
右）宿坊旅館としても知られる

☎0746-32-8081 　🏠吉野郡吉野町吉野山2142 　🕐8:00～17:00 　🈳無休 　💴500円 　MAP P142C4

おさんぽの途中に！ 立ち寄りグルメ＆ショップ

☕ 陽ぼっこ
ひなたぼっこ

さくらアイスでひと息

吉野杉と檜で作られた素敵なログハウスのカフェ。ひと息入れるなら、桜アイスクリーム440円がおすすめ。かわいいピンク色とほんのり香る桜に、疲れも吹き飛ぶはず。

☎0746-32-3177 🏠吉野郡吉野町吉野山3056 🕐10:00～16:00 🈳火・水曜（観桜期は無休） MAP P142A2

🍴 豆富茶屋 林
とうふちゃや はやし

作りたての豆腐を味わえる

上千本にある「林とうふ店」の直営店。国産大豆と吉野大峯山系の水を用いた濃厚な風味の豆腐を、湯豆腐膳1350円などさまざまなメニューで楽しめる。販売コーナーもあり。

☎0746-32-5681 🏠吉野郡吉野町吉野山551 🕐9:30～17:00（16:00LO） 🈳火・水曜（4・11月は無休） MAP P142B3

🍡 萬松堂
まんしょうどう

桜餅や草餅をおみやげに

金峯山寺仁王門前にある老舗和菓子店。昔ながらの手作業で一つひとつ丁寧に作る桜餅と草餅（ともに1個150円）は地元でも不動の人気。秋は栗羊羹1本1030円がおすすめ

☎0746-32-2834 🏠吉野郡吉野町吉野山448 🕐9:00～17:00 🈳火曜（その他不定休あり） MAP P142B2

吉野山

［吉野・五條］

コース **28**

★奥千本

西行法師がたどり着いた
閑寂な吉野山の最深部

奥千本

おくせんぼん

歩く時間 >>>
約1時間45分

歩く距離 >>>
約5.0km

おすすめ季節 >>>
春🌸（4〜5月）

奥千本は吉野山の頂上付近のエリア。下・中・上千本に比べると静かな雰囲気があり、桜を愛した平安末期の歌人・西行はこのあたりに閑居したと伝わる。散策するには、まずバスで奥千本口へ。金峯神社〜義経隠れ塔〜西行庵と巡ったら、徒歩で上千本へ下ろう。途中の花矢倉展望台では吉野山屈指の絶景が楽しめる。

(おさんぽアドバイス)

まずはバスで奥千本口まで行くのがよい。観桜期以外は曜日でロープウェイやバスの運行が異なるため注意しよう。

1日コース

※観桜期（GW含む）は、竹林院前〜吉野山駅は運休。観桜期後は土・日曜のみ運行。紅葉時期は毎日運行。冬期運休

 START バス停**奥千本口** 》 **①金峯神社** 》 **②義経隠れ塔** 》 **③西行庵** 》 **④吉野水分神社** 》 **GOAL** バス停**竹林院前**

近鉄吉野駅まではP140参照、千本口駅から吉野山ロープウェイで3分、吉野山駅で乗り換え、吉野大峯ケーブルバス※で20分 1980円

徒歩6分 （所要10分）

徒歩1分 （所要10分）

徒歩20分 （所要10分）

徒歩50分 （所要20分）

徒歩28分

近鉄奈良駅へは吉野大峯ケーブルバス※で8分、吉野山駅で乗り換え、吉野山ロープウェイで3分、吉野駅から往路を戻る 1680円

1500m
750m
高低差 0m

 バス停奥千本口

① ②
③

④

竹林院前 バス停

距離 > 1km > 2km > 3km > 4km

146

❶ 金峯神社 _{世界遺産}
きんぷじんじゃ

藤原道長も参詣した社

吉野山の奥深くにひっそりと鎮座する、地主神・金山毘古命を祀る古社。創祀は不明だが、奈良時代より前からあるとの説もある。平安時代には関白藤原道長が参詣し、その時に埋めたといわれる金銅製の経筒は国宝に指定されている(京都国立博物館に寄託)。

☎0746-39-9237(吉野町観光案内所)
🏠吉野郡吉野町吉野山1651
⏰休料境内自由　MAP P149E1

奥千本にひっそりと立つ神社

森の中にひっそりとたたずむ

❷ 義経隠れ塔
よしつねかくれとう

義経が身を隠した塔

金峯神社の社殿を少し下ったところに立つ。兄・頼朝に追われた源義経が身を隠し、追手に囲まれた時に屋根を蹴破って逃げたという伝承から「蹴抜けの塔」とも呼ばれる。義経の緊迫した状況、ひそやかな息遣いが聞こえてくるかのようだ。

☎0746-39-9237(吉野町観光案内所)
🏠吉野郡吉野町吉野山1651
⏰休料境内自由　MAP P149E1

おさんぽの途中に!　　立ち寄りグルメ＆ショップ

🍴 矢的庵
やまとあん

こだわりの手打ちそばを

風情ある古民家を改装した本格手打ちそばの店。信州産のそば粉を吉野山の清水で丁寧に手打ちしたそばはコシも風味も抜群。ざるそば1100円、季節の天ぷら盛合せ990円。

☎090-2478-5834
🏠吉野郡吉野町吉野山2296下
⏰11:00〜17:00(売り切れ次第終了)　休不定休　MAP P148A2

🍴 うなぎ屋 太鼓判
うなぎや たいこばん

タレも美味なウナギ料理

愛知県一色産ウナギを使ったうな重3850円〜やうな丼2530円〜、ひつまぶし2970円〜を提供。関西では珍しい蒸しの工程を加えたウナギは身もふっくらで味わい深い。

☎0746-32-3071
🏠吉野郡吉野町吉野山1278
⏰11:30〜14:30LO、17:00〜19:00LO　休無休　MAP P148A2

🛍 水本米穀店
みずもとべいこくてん

やさしい味わいの吉野団子

老舗米穀店で、お米を使った和菓子も販売。モチモチした食感が魅力の名物・吉野団子は、ヨモギ団子に粒餡、栗餡などいろいろ選べてどれでも1本130円。イートインも可。

☎0746-32-3030　🏠吉野郡吉野町吉野山2295　⏰1000〜1600　休不定休(観桜期は無休)　MAP P148A3

奥千本

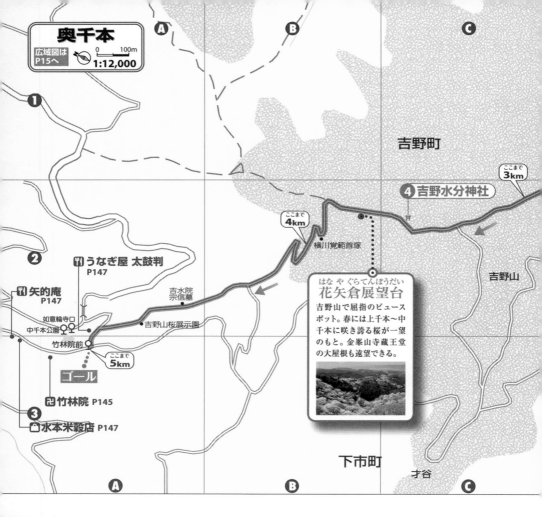

奥千本

広域図は P15へ
0　100m
1:12,000

①

②

③

吉野町

④吉野水分神社

ここまで **3km**

吉野山

横川覚範首塚

ここまで **4km**

🍴うなぎ屋 太鼓判
P147

吉水院
宗信墓

🍴矢的庵
P147

如意輪寺口
中千本公園

吉野山桜展示園

竹林院前

ここまで **5km**

ゴール

🅿竹林院 P145

🏠水本米穀店 P147

下市町

才谷

花矢倉展望台
はなやぐらてんぼうだい

吉野山で屈指のビュースポット。春には上千本～中千本に咲き誇る桜が一望のもと。金峯山寺蔵王堂の大屋根も遠望できる。

金峯神社をさらに山奥へと分け入ると、ひなびた庵が姿を現す

春には周辺に桜が咲き誇る。秋の紅葉もみごたえがある

③ 西行庵
さいぎょうあん

歌人・西行法師の草庵

『新古今和歌集』の代表的歌人の一人、西行が俗世を避けて3年間幽居した場所と伝わる。庵の中には西行像を安置。歌に詠まれた苔清水（MAP P149F2）は庵の近くで今もなお湧き続け、西行を慕って訪れた松尾芭蕉の句碑も立つ。

☎0746-39-9237（吉野町観光案内所）
住吉野郡吉野町吉野山　時休料見学自由
MAP P149F2

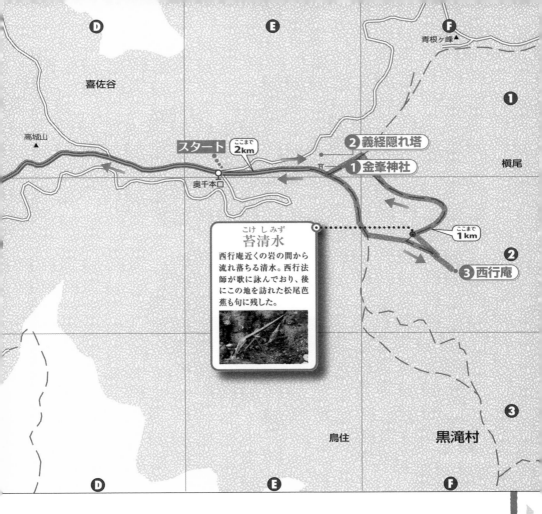

D　**E**　**F**

青根ヶ峰▲

❶

喜佐谷

高城山▲

スタート

ここまで **2km**

❷ 義経隠れ塔

❶ 金峯神社

槇尾

奥千本口

ここまで **1km**

こけ し みず
苔清水

西行庵近くの岩の間から
流れ落ちる清水。西行法
師が歌に詠んでおり、後
にこの地を訪れた松尾芭
蕉も句に残した。

❷

❸ 西行庵

❸

鳥住　　　　黒滝村

D　**E**　**F**

❹ 吉野水分神社 世界遺産
よしのみくまりじんじゃ

子宝に霊験あらたか

子守宮とも呼ばれ、子授け・安産・
子どもの守護神として信仰される。
現在の社殿は、豊臣秀吉が子授け祈
願し、その子秀頼を授かったことか
ら、秀頼がそのお礼として慶長9年
(1604)に再建したもので、国の重
要文化財に指定されている。

🏠 吉野郡吉野町吉野山1612
🕐 8:00〜16:00(4月は〜17:00)
🈳 無休 🈺 境内自由 MAP P148C2

3殿を1棟にした珍しい形式の本殿

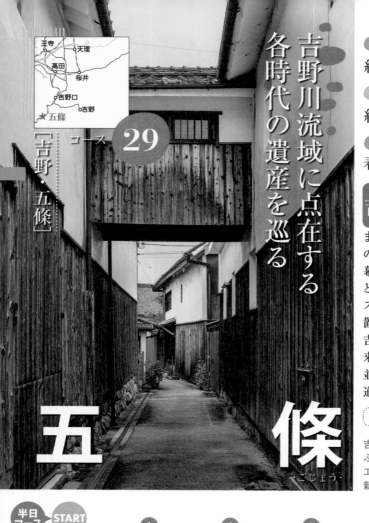

コース **29**

［吉野・五條］

五條
・ごじょう・

吉野川流域に点在する
各時代の遺産を巡る

● 歩く時間 >>>
約1時間25分

● 歩く距離 >>>
約4.3km

● おすすめ季節 >>>
春🌸（4～5月）

　吉野川が流れ、大和と紀州などを結ぶ街道が集まる五條は、宿場町、商業の町として栄えてきた。また幕末に天誅組が挙兵した地としても知られる。五条駅をスタートし、天誅組が本陣を置いた櫻井寺を訪ねたら、吉野川を渡って金剛寺へ。来た道を引き返し、古い町並みが残る新町通り（紀州街道）を歩こう。

おさんぽアドバイス

吉野川のほとり、宿場の風情あふれる古い町並みと名刹が残るエリア。かつての紀州街道である新町通りもゆっくり散策したい。

半日コース **START**

JR五条駅 ≫ **① 櫻井寺** ≫ **② 金剛寺** ≫ **③ 栗山家住宅** ≫ **④ まちなみ伝承館** ≫ **GOAL JR大和二見駅**

JR奈良駅から
JR大和路線
大和路快速で15分、
王寺駅で乗り換え、
JR和歌山線で
約50分
990円

徒歩11分 （所要20分）

徒歩27分 （所要20分）

徒歩20分 （所要5分）

徒歩5分 （所要20分）

徒歩21分

JR奈良駅へは
JR和歌山線で
約55分、
王寺駅で乗り換え、
JR大和路線
大和路快速で
15分　990円

200m >
100m >
高低差 0m >

 JR五条駅　 ①　 ②　 ③ ④　 大和二見駅 JR

距離 > 1km > 2km > 3km > 4km

❶ 櫻井寺
さくらいじ

天誅組の本陣が置かれた寺

☎0747-22-3165　⒣五條市須恵1-3-26
⒣⒣⒣境内自由　MAP P152C2

天暦年間（947〜957）の創建と伝わる古刹。幕末に五條代官所を襲撃したことで知られる天誅組が本陣とした寺で、門前には「天誅組本陣跡」の石標が立っている。境内には討ち取った代官の首を洗ったとされる「首洗いの石手水鉢」が残っている。

国道24号線に面する山門

首洗いの石手水鉢

❷ 金剛寺
こんごうじ

歴史ある「ボタンの寺」

承安3年（1173）に平重盛が創建。本堂に藤原時代作の本尊薬師三尊像を安置。元禄4年（1691）再建の茅葺きの庫裡と宝暦12年（1762）に造られた鐘楼を兼ねる山門も風情がある。ボタンの名所としても知られ、4月中旬〜5月上旬に約100種1000株が咲き誇る。

☎0747-23-2185　⒣五條市野原西3-2-14　⒣8:30〜17:00
⒣無休　⒣拝観300円（ボタン園開園時期は400円）　MAP P153D3

茅葺きの庫裏が風情豊か

おさんぽの途中に！
立ち寄りグルメ＆ショップ

🍴 大和本陣
やまとほんじん

五條の人気うどん店

ひと晩寝かせる手打ち麺は、見た目以上に弾力があり、やみつきになりそう。おじやうどん1090円、天ぷらや造りも味わえる数量限定の花かご膳1090円など、メニューも多彩。

☎0747-23-0265　⒣五條市二見1-5-19　⒣11:30〜14:00LO,17:00〜19:00LO(土・日曜、祝日の昼は〜14:45LO、夜は〜19:30LO)　⒣水曜　MAP P152A3

🛍 柿の葉すし本舗たなか五條本店
かきのはすしほんぽたなかごじょうほんてん

本場の柿の葉すしをみやげに

全国展開する柿の葉すし専門店の本店がこちら。五條・吉野地方の郷土の味である柿の葉すしを、こだわりの素材で丁寧に作り続けている。サバ、サケ詰合せ7個入り1232円。

☎0747-25-1010　⒣五條市新町1-1-15　⒣8:00〜19:00　⒣無休　MAP P152B2

🛍 千珠庵きく川
せんじゅあんきくがわ

大和の心を菓子に映した老舗

江戸時代末期創業の和菓子店。吉野川の清流を泳ぐ鮎を模して作られた櫻鮎10個入り2145円は、ふわふわのカステラ生地に求肥を包んだ看板商品。どら焼「みかさ」も人気がある。

☎0747-22-1056　⒣五條市五條1-5-1　⒣8:30〜18:30(日曜は〜12:00)　⒣日曜午後　MAP P152C2

五條

広域図は
P14へ

N 0 100m
1:10,000

五條市立民俗資料館
ごじょうしりつみんぞくしりょうかん
五條代官所の長屋門を改
装した資料館。天誅組の
概要や足取りがわかる資
料、隊士の肖像画などを展
示する。入館無料。

釜窪町

橋本へ

五條市

五條中

下之町

八坂神社

和歌山線

地方裁判所

新町
(三)

新町
(一)

**柿の葉すし本舗
たなか五條本店**
P151

中華料理
たんぽぽ

新町通り
P153

リバーサイドホテル

二見
(五)

二見神社

山直
(食事処)

新町
(二)

大和本陣
P151

二見
(六)

二見
(一)

ゴール

大和二見駅

オークワ

二見駅前
二見
(一)

橋本駅へ

ここまで
4km

本町
(三)

奈良県五條総合庁舎
五條市役所

井上院

岡口
(一)

須恵
(一)

本町
(一)

五條小

五條代官所跡

千珠庵きく川
P151

本町一

戎神社前

山本本家

宝満寺

① 櫻井寺

本陣

五條町

五條
(一)

③ 栗山家住宅

鶴萬々堂

ここまで
3km

ここまで
1km

本町
(二)

大川橋

大川橋
診療所

④ まちなみ伝承館

大川橋南詰

野原西
(一)

野原西

十津川へ

広域図はP14へ

③ 栗山家住宅
くりやまけじゅうたく

日本最古の貴重な民家

細い格子戸と白壁の民家が並ぶ新町通りの近
くに立つ。棟札には慶長12年(1607)の上棟が記
され、建築時期が分かる民家の中では日本最古
の建物といわれており、国の重要文化財に指定
されている。現在も住居として利用されている
ため内部は非公開になっているが、格子となだ
らかに反った屋根瓦のラインが美しい外観を見
るだけでも値打ちがある。

☎ 0747-20-9005(JR五条駅前観光案内所)
⊕ 五條市五條1-2-8　⊛ 外観のみ見学可能　MAP P152C2

日本最古の民家らしい堂々とした存在感を放つ

五条駅
スタート
五条駅

御所→

今井
(一)

須恵
(三)

須恵
(三)

須恵
(二)

〒五條局

五條三

今井二

今井
(二)

🚌五條バスセンター
Ⓢ イオン

🍣柿の葉ずしヤマト
奈良五條店

①

五條
(二)

須恵二

五條
(三)

五條
(四)

卍明西寺

②

まちや館

新町通り沿いに立つ司法
大臣を勤めた木村篤太郎
の生家。復元されたかま
どや箱階段なども見るこ
とができる。

吉野川

② 金剛寺

③

野原西
(二)

野原西
(二)

卍

ここまで
2km

D

江戸時代の町並みが残る旧街道・新町通り

かつては紀州藩の参勤交代の行列も通ったという新町通り（旧紀州街道）。約1kmの通りには、現在も江戸時代の建物が約70棟、明治時代の建物が約40棟残り、2010年には国の重要伝統的建造物群保存地区に選定された。本瓦葺きの大屋根や漆喰塗りの壁、2階に虫籠窓（むしこ）窓の付いた豪壮な木造の建物が主流で、当時の雰囲気を感じることができる。国の重要文化財に指定されている「栗山家住宅」（→P152）もこの近くに位置する。

☎0747-26-1330（まちなみ伝承館）
🏠五條市本町

MAP P152B3

時 見学自由
休 料

白壁の美しい町家が並んでいる

昔の商店
のチラシ
も展示さ
れている

---

④ まちなみ伝承館
まちなみでんしょうかん

新町通りのシンボル

明治〜大正にかけて建築された医院の民家を改修した施設で、風情ある白壁が目を引く。館内は自由に見学することができ、まちなみ案内人による新町通りの紹介を聞くこともできる。観光パンフレットも手に入り、トイレや無料の駐車場も完備しているので、周辺散策の心強い味方だ。春には大きな枝垂桜が咲き、風情を一層引き立てる。

☎0747-26-1330　🏠五條市本町2-7-1　⏰9:00〜17:00（入館は〜16:00）　休水曜（祝日の場合は翌日）　💴無料　MAP P152C2

新町通り散策の拠点。ぜひ立ち寄りたい

五條

大 台ヶ原は台高山脈の南端、標高1695m
の日出ヶ岳を主峰とする高原台地。近畿
の屋根ともいわれる。日本有数の多雨地帯で
ある一帯には、原生的な林や笹原が広がり、
ダイナミックで神秘的な大自然を満喫できる。
エリアは東大台と西大台に大別され、初心者
でも気軽に入山できるのが東大台（P155地図
参照）。コースは比較的整備され、みどころが
多く、変化に富んだ山歩きを楽しめる。
[MAP]P155

大台ヶ原ハイキング [1日コース]

・おおだいがはら・

おさんぽアドバイス 日本有数の多雨地帯なので雨具は必携。また山中にトイレはないので、入山前に大台ヶ原ビジターセンター駐車場のトイレで済ませておこう。

START & GOAL
バス停 大台ヶ原

① 日出ヶ岳展望台
ひでがたけてんぼうだい

360度の大パノラマが広がる

大台ヶ原の最高峰、標高1695mの日出ヶ岳
山頂にある展望台。大峰山脈や台高山脈の山
並み、熊野灘を望める。天気のいい日の早朝
などには富士山が遠望できることもあるとか。

☎07468-2-0001（上北山
村企画政策課）
住 吉野郡上北山村
時 休 料 周辺自由
[MAP]P155B1

絶景が楽しめる

② 正木ヶ原
まさきがはら

鹿もまれに姿を見せる平原

立ち枯れしたトウヒが林立する正木峠を下
ると正木ヶ原に至る。樹林が茂り、笹に覆わ
れた平原のなかに、"白骨化"したトウヒや
倒木が残る。野生の鹿が出没することもある。

☎07468-2-0001（上北山
村企画政策課）
住 吉野郡上北山村
時 休 料 周辺自由
[MAP]P155C2

遠方に見えるのは正木峠

③ 大蛇嵓
だいじゃぐら

スリル満点の絶景ポイント

大台ヶ原でも随一のみどころ。高低差約
800mの大断崖上の岩場から、大峰山系の大
パノラマが楽しめる。とりわけ新緑や紅葉の
ころはすばらしい景色が眼前に広がる。

☎07468-2-0001（上北山
村企画政策課）
住 吉野郡上北山村
時 休 料 周辺自由
[MAP]P155B4

東大台エリアのハイライト

ひと足のばして 西大台利用調整地区
にしおおだいりようちょうせいちく

貴重な生態系が残る地域

ブナ林などが広がる西大台は東大台より神秘的な
ムード。ただしコースは中級者向けで、入山には事
前申請が必要（人数制限あり。事務手数料として
入山1人につき1000
円）。申請および問合
せは、上北山村商工
会☎07468-3-0070
（平日8:30〜12:00、
13:00〜17:00）へ。
[MAP]P155A3

A　　　　　　　B　　　　　　　C

大台ヶ原
広域図は
P15へ　　　0　　100m
1:15,000

日出ヶ岳
1695m

ここまで
2km

❶ 日出ヶ岳展望台

三重県
奈良県

正木峠　　　大台町

ここまで
1km

ここまで
7km

ここまで
3km

●歩く時間 >>>
約3時間40分

●歩く距離 >>>
約8.8km

●おすすめ季節 >>>
秋 (10～11月)

生駒　●奈良
●天理　●名張
桜井
●　●伊勢奥津
吉野
奈良県　三重県
大台ヶ原 ★

吾探勝路

❷ 正木ヶ原

スタート

ゴール
大台ヶ原
P

ここまで
6km

尾鷲辻

■西大台
利用調整地区 P154

上北山村

おおだいがはら
大台ヶ原
ビジターセンター
大台ヶ原の拠点施設。各
種展示で大台ヶ原の自然
や文化などを紹介。入山
前に立ち寄りたい。11月
下旬～4月下旬は閉鎖。

ここまで
4km

東ノ滝

シオカラ谷
たに
渓谷美を楽しめる。ただ
し大蛇嵓方面からは下り
が続き、谷を過ぎれば急
な上り坂。歩き慣れてい
ない人は避けよう。

牛石ヶ原

ここまで
5km

❸ 大蛇嵓

A　　　　　　　B　　　　　　　C

2000m
1000m
高低差 0m
大台ヶ原バス停

1　　2　　3

大台ヶ原バス停

距離 > 1km > 2km > 3km > 4km > 5km > 6km > 7km

奈良**世界遺産**リスト

日本の世界遺産のうち、奈良県には「古都奈良の文化財」「法隆寺地域の仏教建造物」「紀伊山地の霊場と参詣道」の3件がある。歴史深く荘厳な奈良の世界遺産を一覧で紹介。

古都奈良の文化財

奈良時代の日本の首都・平城京に創建された社寺など8件で構成。平城宮跡は日本の遺跡としては初めて世界遺産になった。1998年登録。

卍【東大寺】 ➡ P25
とうだいじ

「奈良の大仏さま」と親しまれる本尊の盧舎那仏坐像は、世界最大級の金銅仏。その大仏さまが鎮座する大仏殿は、世界最大級の木造古建築として知られる。ほかにも広い境内にみどころが満載。時間にゆとりを持って拝観したい。

▶▶ 奈良交通バス市内循環線などで4分、東大寺大仏殿・国立博物館下車、徒歩5分　MAP P21

卍【興福寺】 ➡ P22
こうふくじ

平城京遷都の和銅3年(710)、藤原氏の氏寺として建立。2018年に再建された中金堂などみどころは数多い。国宝館は天平仏の傑作、阿修羅立像をはじめ、数多くの国宝を展示しており、みごたえがある。

▶▶ 徒歩5分　MAP P20B4

🏛【春日大社】 ➡ P29
かすがたいしゃ

平城京遷都が行われたころに、都の守り神として鎮座。神護景雲2年(768)に社殿が造営された。御蓋山麓の広大な森に、朱塗りの美しい社殿が立ち並ぶ光景は、王朝時代を彷彿させる。

▶▶ 奈良交通バス春日大社本殿行きで8分、終点下車すぐ　MAP P31D2

🌲【春日山原始林】 ➡ P32
かすがやまげんしりん

春日大社の背後に広がる。大社の神域として、1000年以上前に狩猟や伐採が禁止されたため、巨木が生い茂る。原始林内へは立ち入れないが、周辺を春日山遊歩道が巡り、奈良奥山ドライブウェイからも訪ねられる。

▶▶ 奈良交通バス春日大社本殿行きで8分、終点下車、徒歩5分　MAP P33

卍【元興寺】 ➡ P40
がんごうじ

蘇我馬子が飛鳥に建立した日本初の本格的寺院である法興寺が前身で、養老2年(718)に現在の地へ移転。極楽堂と禅室の瓦の一部は移転と同時に飛鳥から運ばれたもので、日本最古の行基葺きの瓦が葺かれている。

▶▶ 徒歩12分
MAP P39B3

卍【薬師寺】 ➡ P54
やくしじ

天武天皇の願いで飛鳥に創建され、平城遷都にともなって現在地に移された。国宝の本尊・薬師三尊像をはじめ多くの寺宝を伝え、昭和～平成に壮麗な白鳳伽藍が復興された。いつでもお写経体験ができる。

▶▶ 近鉄奈良線で約5分、大和西大寺駅で近鉄橿原線に乗り換え4分、西ノ京駅下車すぐ　MAP P53B4

卍【唐招提寺】 ➡ P55
とうしょうだいじ

聖武天皇の招きで来日した唐の高僧・鑑真和上が天平宝字3年(759)に創建。緑豊かで清々しい境内には、金堂をはじめとする貴重な天平建築が立ち並び、本尊の盧舎那仏坐像など優れた仏像を今に伝えている。

▶▶ 近鉄奈良線で約5分、大和西大寺駅で近鉄橿原線に乗り換え4分、西ノ京駅下車、徒歩10分　MAP P53B2

🏛【平城宮跡】 ➡ P48
へいじょうきゅうせき

和銅3年(710)に藤原京から遷都され、74年間にわたって栄えた平城京の宮跡。壮大な第一次大極殿や朱雀門、東院庭園などが復原されており、発掘調査の成果を展示する資料館も整備されている。

▶▶ 近鉄奈良線で約5分、大和西大寺駅下車、徒歩10分
MAP P48

▶▶ 交通の起点は近鉄奈良駅からのものです。

　※卍…寺院　🏛…神社　🌲…名勝　🏛…宮跡

法隆寺地域の仏教建造物

聖徳太子が斑鳩に創建した法隆寺の47棟と
法起寺の1棟の計48棟の建造物で構成される。
1993年に兵庫県の姫路城などとともに、
日本初の世界遺産として登録された。

卍【法隆寺】 ➡ P76
ほうりゅうじ

7世紀初めに聖徳太子により創建。境内は西院と東院とに大きく分かれており、西院の金堂や五重塔などは現存する世界最古の木造建築といわれる。国宝・重文約6400点（附指定を含む）を所蔵する仏教美術の宝庫だ。

▶▶JR大和路線で11分、法隆寺駅で奈良交通バス法隆寺参道行きに乗り換え8分、終点下車、徒歩5分　MAP P75A3

卍【法起寺】 ➡ P77
ほうきじ

聖徳太子が推古天皇のために法華経を講説した岡本宮を寺に改めたもの。高さ約24mの日本最古の三重塔（国宝）は慶雲3年（706）の建立。秋には周辺にコスモスが咲く。

▶▶JR大和路線で11分、法隆寺駅で奈良交通バス法隆寺参道行きに乗り換え5分、法隆寺前下車、春日大社本殿行きに乗り換え4分、法起寺前下車すぐ　MAP P75C1

▶▶交通の起点はJR奈良駅からのものです。

紀伊山地の霊場と参詣道

奈良・和歌山・三重の3県にちらばる3つの
霊場と参詣道で構成。奈良県下では以下の5つのほか、
大峰山寺、吉野と熊野を結ぶ大峯奥駈道、
熊野参詣道小辺路が登録されている。

⛰【吉野山】 ➡ P140
よしのやま

日本一の桜の名所といわれる吉野山は、金峯山寺を中心とする修験道の聖地。桜は修験道の神木であることから古来大切にされ、信者の寄進によって数を増やし、山を覆うまでになった。

▶▶徒歩すぐ　MAP P142

卍【金峯山寺】 ➡ P143
きんぷせんじ

修験道の開祖・役行者が1300年前に開いたと伝わる修験道の根本道場。吉野山の尾根上に堂々とそびえ立つ本堂の蔵王堂は、古建築では東大寺大仏殿に次ぐ大きさ。「蓮華会・蛙飛び法要」など、年間を通して行事も多い。

▶▶徒歩3分の吉野千本口駅から吉野山ロープウェイで3分、吉野山駅下車、徒歩10分
MAP P142B3

⛩【吉水神社】 ➡ P144
よしみずじんじゃ

元は吉水院という修験宗の僧房で、明治時代の神仏分離令で後醍醐天皇らを祀る神社になった。源義経、後醍醐天皇、豊臣秀吉ら史上の有名人に縁深く、重要文化財の書院に3人ゆかりの宝物を展示している。

▶▶徒歩3分の吉野千本口駅から吉野山ロープウェイで3分、吉野山駅下車、徒歩15分　MAP P142C3

⛩【吉野水分神社】 ➡ P149
よしのみくまりじんじゃ

子守宮とも呼ばれ、子授け・安産・子どもの守護神として信仰を集める。桃山様式の豪華な社殿は、豊臣秀頼が慶長9年（1604）に再建したもので、国の重要文化財。

▶▶徒歩3分の吉野千本口駅から吉野山ロープウェイで3分、吉野山駅から吉野大峯ケーブルバスで7分、竹林院前下車、徒歩28分　MAP P148C2

⛩【金峯神社】 ➡ P147
きんぷじんじゃ

吉野山最奥の奥千本にある神社。吉野山から大峯山までの一帯を指す金峯山の地主神、金山毘古命が祭神。拝殿の左の道を少し下ると、源義経が身を潜めたと伝わる「義経隠れ塔」が立つ。

▶▶徒歩3分の吉野千本口駅から吉野山ロープウェイで3分、吉野山駅から吉野大峯ケーブルバスで20分、奥千本口下車、徒歩6分
MAP P149E1

▶▶交通の起点は近鉄吉野駅からのものです。

奈良イベントカレンダー

奈良では寺社を中心にさまざまな行事が行われる。長い歴史をもつ伝統行事から新しいイベントまで、一年を通して各地で行われているのでぜひ覗いてみたい。

1月第4土曜
若草山焼き
●わかくさやまやき

江戸時代に起源を持つともいわれる、奈良の冬を彩る火の祭典。ラッパ・法螺貝を合図に、春日大社から運ばれた松明の火が山を覆う芝を焼き、春には新芽を芽生えさせる。

☎0742-27-8677 (若草山焼き行事実行委員会) 時夕方ごろ〜 (要問合せ) 料無料 ●若草山 MAP P33C1

2月の節分の日
節分万燈籠
●せつぶんまんとうろう

春日大社の石燈籠約2000基、釣燈籠約1000基に火が灯され、幻想的な雰囲気に包まれる。節分のほか、8月14・15日にも行われる。☎0742-22-7788 時18:00〜20:30 料特別参拝700円 ●春日大社 ➡P29

4月10〜12日
花供懺法会(花供会式)
●はなくせんぼうえ(はなくえしき)

春の吉野山を代表する行事。奴行列を先頭に竹林院から金峯山寺の蔵王堂までを練り歩く。
☎0746-32-8371 時花供千本搗き10日13:00〜、大名行列11・12日10:00〜、御供撒き11・12日13:00〜 料無料 ●金峯山寺 ➡P143

5月第3金・土曜
薪御能
●たきぎおのう

薪能の起源とされ、「能楽四座」による能と大蔵流による狂言が2日間にわたって奉納される。
☎0742-30-0230 (薪御能保存会〈奈良市観光協会内〉) 時春日大社11:00〜、興福寺17:30〜 料事前受付6000円 (当日受付6500円) ●春日大社 ➡P29・興福寺 ➡P22

3月1〜14日
東大寺二月堂修二会
●とうだいじにがつどうしゅにえ

二月堂で行われ、「お水取り」とも呼ばれる。大きな松明に火が灯される様子が印象的で、期間中には11人の僧が厳しい行を行う。天平勝宝4年(752)以来、絶えることなく続いている。

☎0742-22-5511 時(お松明)3/1〜11・13は19:00〜19:20、3/12は19:30〜20:15、3/14は18:30〜18:40 料無料 ●東大寺 ➡P25

5月19日
うちわまき(中興忌梵網会)
●うちわまき(ちゅうこうきぼんもうえ)

唐招提寺の鼓楼から、病魔退散や魔除けのご利益があるうちわ「宝扇」が撒かれる。1000本を抽選で配り、400本を鼓楼の上から撒く。☎0742-33-7900 時15:00〜 料1000円 ●唐招提寺 ➡P55

7月7日
蓮華会・蛙飛び法要
●れんげえ・かえるとびほうよう

蛙の姿にされた男が、吉野山の蔵王堂の前で、吉野山の僧侶の読経の功徳によって人間に戻ったという話を再現する行事。

☎0746-32-8371 時蛙太鼓台巡行12:30〜(吉野山内)、蓮華会・蛙飛び法要15:30〜(蔵王堂前) 料無料 ●金峯山寺 ➡P143

8月上〜中旬
なら燈花会
●ならとうかえ

奈良公園一帯を会場として、ろうそくが灯される奈良の夏の風物詩。会場ごとに趣向が異なり、音楽イベントも開催される。

☎0742-21-7515 (なら燈花会の会事務局) 時19:00〜21:30 (予定) 料無料 ●奈良公園一帯 MAP P21

中秋の名月の日
采女祭
●うねめまつり

花扇奉納行列から始まり、采女神社での神事の後、雅楽の調べにのせて2隻の管絃船が猿沢池を巡る雅な祭り。
☎0742-30-0230(采女祭保存会〈奈良市観光協会内〉)
時17:00～　料見学無料　●猿沢池➡P31

10月第2曜
秋の大茶盛式
●あきのおおちゃもりしき

叡尊上人が八幡宮に茶を献じ、民衆に振舞ったのが始まり。新春初釜大茶盛式(1月16日)、春の大茶盛式(4月第2土・日曜)、秋の年3回行われ、巨大茶碗の抹茶を回し飲みする。☎0742-45-4700　時9:00～15:00
料4000円(新春は2000円)　●西大寺➡P59

10月上旬
鹿の角きり
●しかのつのきり

鹿の角で人が傷ついたり、鹿同士が怪我をすることを防ぐために江戸時代に始められた。切られた角は、神前に供えられる。☎0742-22-2388(一般財団法人奈良の鹿愛護会)
時11:45～15:00　料1000円　●鹿苑角きり場 MAP P31D2

11月3日
けまり祭
●けまりまつり

ご祭神の藤原鎌足が中大兄皇子と蹴鞠会で出会い、大化の改新を実現させた故事にちなんだ行事。4/29と11/3の年2回行われる。☎0744-49-0001
時11:00～　料600円　●談山神社 MAP P173F4

※行事の日時は変更になる場合があります。
おでかけの前にご確認ください

【主要秘仏・秘宝特別開帳一覧】

寺社名	公開秘仏・秘宝	開帳日程	ページ
大神神社	御神宝常設展(宝物収蔵庫)	毎月1日、土・日曜・祝日	P101
十輪院	不動明王および二童子立像(重文. 護摩堂)	毎月28日(8・12月および月曜除く)、お盆・お彼岸期間中	P41
浄瑠璃寺	①吉祥天立像(重文. 本堂)　②薬師如来坐像(重文. 三重塔)	①1/1～15、3/21～5/20、10/1～11/30 ②1/1～3、1/8～10、春分・秋分の日、毎月8日(雨天中止)	P71
西大寺	愛染明王坐像(重文. 愛染堂)	1/15～2/4、10/25～11/15	P59
法華寺	①十一面観音菩薩立像(国宝. 本堂)　②名勝庭園	①3月下旬～4月上旬、6月上旬、10月下旬～11月上旬 ②4/1～6/10	P51
法隆寺	①法隆寺特別展(大宝蔵殿)　②救世観音立像(国宝. 夢殿) ③聖徳太子坐像(国宝. 聖霊院)　④釈迦三尊像(国宝.上御堂)	①9/27～11/23 ②4/11～5/18、10/22～11/22 ③3/22～24 ④11/1～3	P76
海龍王寺	十一面観音菩薩立像(重文. 本堂)	3/23～4/5、5/1～9、10月下旬～11月上旬	P51
法輪寺	①妙見菩薩立像　②秋季特別展	①4/15 ②11/1～7	P77
唐招提寺	①鑑真和上坐像(国宝)、②地蔵菩薩立像(重文. 地蔵堂) ③釈迦如来立像(重文. 礼堂)と金亀舎利塔(国宝. 礼堂)	①6/5～7 ②8/23～24 ③10/21～23	P55
東大寺	①重源上人坐像(国宝. 俊乗堂)　②良弁僧正坐像(国宝.開山堂)　③執金剛神立像(国宝. 法華堂)　④五劫思惟阿弥陀坐像(重文. 勧進所阿弥陀堂)　⑤僧形八幡神坐像(国宝. 勧進所八幡殿)　⑥公慶上人坐像(国宝. 公慶堂)	①7/5、12/16 ②③12/16 ④⑤⑥10/5	P25
興福寺	①不空羂索観音坐像(国宝. 南円堂)　②無著・世親立像(国宝. 北円堂)	①10/17 ②4月下旬～5月上旬、10月下旬～11月上旬	P22
長岳寺	大地獄絵(本堂)	10/23～11/30	P96
朝護孫子寺	信貴山縁起絵巻(国宝. 霊宝館)	10月下旬～11月上旬	P86
金峯山寺	金剛蔵王権現立像(重文. 蔵王堂)	国宝仁王門修理勧進のため、毎年一定期間(春・秋)、特別に開帳	P143

※特別公開の内容・日程は、寺社の事情、文化財の維持・保存などの理由により変更となる場合があります
※データは2019年12月現在の予定です

Part I 仏像入門

奈良観光の楽しみといえば、世界遺産と寺社巡り。東大寺の大仏に代表される仏像を拝観する前に、
仏像と仏教について少しだけ知識を蓄えておきたい。
眺めるだけではもったいない、「観る」楽しみと「知る」喜びを得るための予習をしておこう。

1 仏像世界のグループ

仏像とは元来、仏教を開いたお釈迦様（釈迦牟尼）の姿を形で表現したものだったが、やがて「仏」は、その由来や性質によって4つの位（尊格）に分けられるようになり、その姿を表す仏像にもそれらが反映されている。

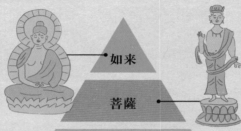

❶ 如来

「悟りの境地に達した者」のこと。完全なる存在として衆生を救済する。釈迦を表す釈迦如来、万病を癒す薬師如来、極楽浄土へ導く阿弥陀如来、密教の最上位仏の大日如来の四如来が代表格。

❷ 菩薩

「将来、如来となる者」で如来を補佐する。聖観音菩薩、顔が11ある十一面観音菩薩、腕が千本ある千手観音菩薩、弥勒菩薩や地蔵菩薩など。人々を救うため、変幻自在に姿を変える。

❸ 明王

「仏の智恵を身につけた者」。大日如来の分身で、法敵をくじき愚かな衆生を懲らしめる。不動明王に見られるように、多くは火炎を背にした厳しい憤怒の表情をしている。そのほか愛染明王も有名。

❹ 天部

「仏法を護る神々」のグループ。インドのバラモン教やヒンドゥー教の神々などが仏教に取り入れられ、護法神となった。四天王や金剛力士、十二神将、弁財天、吉祥天などがあり、その姿や役目もさまざま。

（ピラミッド図：如来／菩薩／明王／天部）

2 それぞれの仏像の特徴

❶ 如来 にょらい

出家の身なりが基本なので、衣服は地味で質素。一方、悟りを開いた者として身体は金色に光り輝き、螺髪などの人間離れした特徴がある。大日如来のみ装飾をまとう。

釈迦如来坐像
飛鳥寺 ➡ P120
釈迦三尊像
法隆寺（金堂）
➡ P7・76

❷ 菩薩 ぼさつ

悟りを開く前の釈迦の姿をモデルにしているため、インドの上流貴族の身なりが基本。頭や胸をきらびやかなアクセサリーで飾ったゴージャスな姿の像が多い。

菩薩半跏像
中宮寺 ➡ P5・76
十一面観音菩薩
立像
海龍王寺 ➡ P9・51

❸ 明王 みょうおう

密教の考えで生み出された明王は、仏敵や人々の心の迷いを砕き、仏に従わせる役を担っている。そのため、一般に顔は怖く、武器を持ち、火焔光背を背負っている。

愛染明王像
西大寺 ➡ P59
不動明王坐像
長谷寺 ➡ P104

❹ 天部 てんぶ

個性豊かな天部の諸像は、武人・天女・貴紳の3つに大別される。天部は仏像界のヒエラルキーでは下位に位置しているため、人間に近いイメージで表現される。

四天王立像
東大寺（戒壇堂）➡ P25
閻魔王坐像
白毫寺 ➡ P37

Part Ⅱ 古墳入門

古墳が至るところにある奈良。天皇をはじめとする時の権力者たちが眠る古墳には、遺体を安置した石室・棺や、古墳を守るために周囲に置かれた埴輪などが残る。
事前に予習をして、奈良の古墳巡りを充実させよう。

1 古墳とその種類

古墳時代は、前期（3〜4世紀）、中期（5世紀）、後期（6世紀以後）と区分され、その墳墓の形から10種類ほどに分けられる。一番有名なのは前方後円墳。前期は山や丘陵が利用され、副葬品に鏡や勾玉が用いられていたが、中期になると渡来人がもたらした土木技術で古墳も巨大化し、副葬品も甲冑や武具に変化していった。

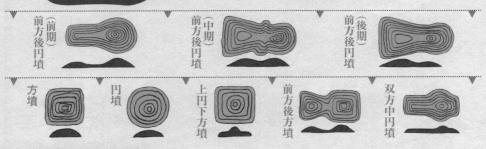

（前期）前方後円墳　　（中期）前方後円墳　　（後期）前方後円墳

方墳　　円墳　　上円下方墳　　前方後方墳　　双方中円墳

奈良の代表的な古墳

古墳名		種類	エリア	内容
垂仁天皇陵	➡P58	前方後円墳	奈良市	周濠の南東には田道間守の墓が浮かぶ
藤ノ木古墳	➡P81	円墳	斑鳩町	豪華な副葬品が出土
黒塚古墳	➡P88	前方後円墳	天理市	三角縁神獣鏡33面などが出土、展示館隣接
衾田陵	➡P95	前方後円墳	天理市	4世紀前半の墳墓と推定
崇神天皇陵	➡P97	前方後円墳	天理市	満々と水をたたえた濠が巡る
景行天皇陵	➡P97	前方後円墳	天理市	全国7番目の大きさの巨大墳墓
箸墓古墳	➡P88	前方後円墳	桜井市	卑弥呼の墓との説もあり
メスリ山古墳		前方後円墳	桜井市	初期大和政権の大王の墓？
天王山古墳		方墳	桜井市	家形石棺の置かれた横穴式石室に入れる
天武・持統天皇陵	➡P113	八角墳	明日香村	2人の天皇が合葬されている古墳
石舞台古墳	➡P115	方墳	明日香村	日本最大級の横穴式石室がある
高松塚古墳	➡P112	円墳	明日香村	極彩色の壁画レプリカを隣接の壁画館で見学

2 石室・棺 せきしつ・ひつぎ

石室には竪穴式と横穴式がある。竪穴式は古墳時代中期以前に多く、四壁を石で塞ぎ天井石で塞ぐ形式。横穴式は後期から発達し、玄室を造ってから通路を設ける形式。棺の材質は主に石、木、土器、陶器など。後期には乾漆造の棺も出土している。形には箱型、長持型、くり抜いて作る刳抜式、船形、家形などがある。

石舞台古墳（→P115）は、盛り土がなく、石室が露出した状態

3 埴輪 はにわ

埴輪とは、古墳の頂部や中腹、麓などに並べて置かれた素焼きの土製品の総称。その種類は土管状の「円筒埴輪」と、人物や動物、家、武器などの「形象埴輪」に大別される。円筒埴輪は盛り土を取り巻くように並べられ、濠の外堤にも使用された。6世紀中ごろまでの古墳で多く出土したが、それ以降の古墳内では見られなくなった。

奈良県立橿原考古学研究所附属博物館（→P125）で見学できる

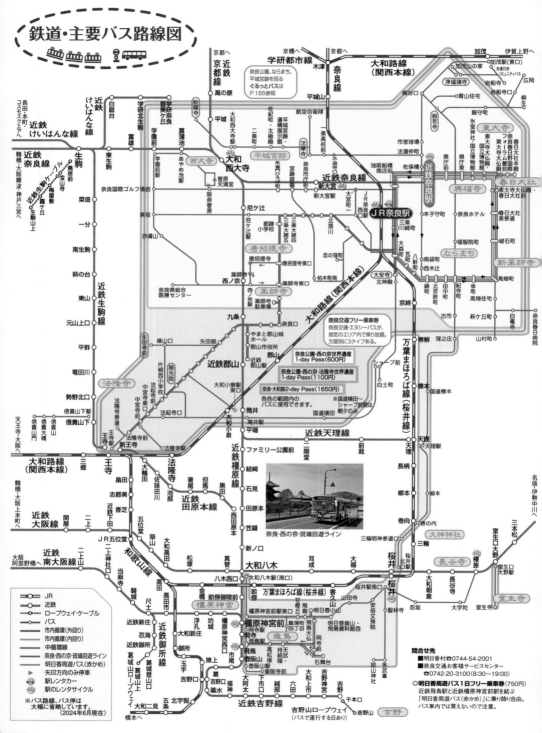

鉄道・主要バス路線図

🚃 🚉 🚌

【交通インフォメーション】

鉄道ならJR新幹線京都駅で近鉄京都線かJR奈良線へ乗り換えるのが一般的。東京からは奈良への夜行バスも運行。名古屋からは新幹線に加えて近鉄特急や高速バスも利用可。空路なら伊丹空港や関西空港が玄関口となる。

奈良へのアクセス

━━━ 新幹線　━━━ JR　╞══╡ 近鉄　╞══╡ 地下鉄　┅┅┅ バス
BC=バスセンター

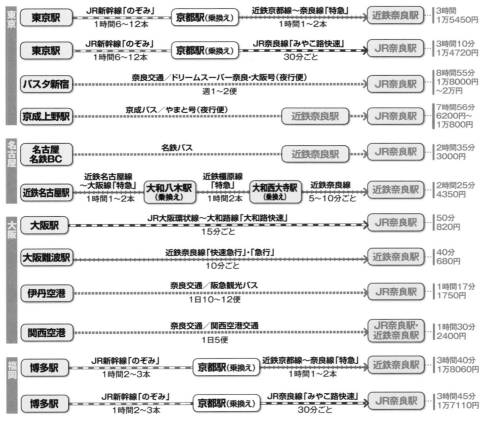

東京	東京駅	JR新幹線「のぞみ」 1時間6〜12本	京都駅（乗換え）	近鉄京都線〜奈良線「特急」 1時間1〜2本	近鉄奈良駅	3時間 1万5450円
	東京駅	JR新幹線「のぞみ」 1時間6〜12本	京都駅（乗換え）	JR奈良線「みやこ路快速」 30分ごと	JR奈良駅	3時間10分 1万4720円
	バスタ新宿	奈良交通／ドリームスーパー奈良・大阪号（夜行便） 週1〜2便			JR奈良駅	8時間55分 1万8000円〜2万円
	京成上野駅	京成バス／やまと号（夜行便）			近鉄奈良駅 → JR奈良駅	7時間56分 6200円〜 1万800円
名古屋	名古屋 名鉄BC	名鉄バス			近鉄奈良駅 → JR奈良駅	2時間35分 3000円
	近鉄名古屋駅	近鉄名古屋線 〜大阪線「特急」 1時間1〜2本	大和八木駅（乗換え）	近鉄橿原線「特急」 1時間2本 大和西大寺駅（乗換え） 近鉄奈良線 5〜10分ごと	近鉄奈良駅	2時間25分 4350円
大阪	大阪駅	JR大阪環状線〜大和路線「大和路快速」 15分ごと			JR奈良駅	50分 820円
	大阪難波駅	近鉄奈良線「快速急行」・「急行」 10分ごと			近鉄奈良駅	40分 680円
	伊丹空港	奈良交通／阪急観光バス 1日10〜12便			JR奈良駅	1時間17分 1750円
	関西空港	奈良交通／関西空港交通 1日5便			JR奈良駅・近鉄奈良駅	1時間30分 2400円
福岡	博多駅	JR新幹線「のぞみ」 1時間2〜3本	京都駅（乗換え）	近鉄京都線〜奈良線「特急」 1時間1〜2本	近鉄奈良駅	3時間40分 1万8060円
	博多駅	JR新幹線「のぞみ」 1時間2〜3本	京都駅（乗換え）	JR奈良線「みやこ路快速」 30分ごと	JR奈良駅	3時間45分 1万7110円

奈良・大和路でのアクセス

奈良の鉄道交通網はJR線と近鉄線が中心。奈良公園や東大寺・興福寺は近鉄奈良駅が近く、薬師寺・唐招提寺なども近鉄線の沿線。法隆寺はJRの法隆寺駅が最寄り。JR奈良駅と近鉄奈良駅は徒歩約15分と離れている。

1. 鉄道でまわる

近鉄

近鉄線は路線が多く便利。大阪〜奈良を結ぶ奈良線と京都〜橿原を結ぶ京都・橿原線が大和西大寺駅でクロスしている。この大和西大寺駅と大和八木駅・橿原神宮前駅が主な乗換駅となる。

【問合せ】近鉄電車テレフォンセンター
☎050-3536-3957（8：00〜21：00）

JR西日本

JR奈良駅からは、奈良線（京都へ）、大和路線（法隆寺・斑鳩へ）、万葉まほろば線（天理・桜井へ）などがある。万葉まほろば線の桜井駅〜高田駅間は運転本数が少ないので注意が必要。御所・吉野方面へは王寺駅か高田駅で和歌山線に乗り換える。

【問合せ】JR西日本（お客様センター）
☎0570-00-2486（9：00〜19：00）

◉奈良駅から県内各地へ

━□━□━ JR ├──┼──┤ 近鉄 ┈┈┈┈ バス

大和郡山（近鉄郡山）へ

| 近鉄奈良駅 | 奈良線〜（乗換）大和西大寺駅〜橿原線
※ほぼ10分に1本 | ➤ 近鉄郡山駅 | 25分
300円 |

斑鳩（法隆寺）へ

| JR奈良駅 | JR大和路線
※法隆寺駅から法隆寺参道へはバス8分（ほぼ20分ごと） | ➤ 法隆寺駅 | 11分
230円 |

| 近鉄・JR
奈良駅 | 奈良交通バス「奈良・西ノ京・斑鳩回遊ライン」
※8〜15時（9時台を除く）に1時間1便 | ➤ 法隆寺前 | 1時間05分
880円 |

宇陀（室生口大野）へ

| 近鉄奈良駅 | 奈良線〜（乗換）大和西大寺駅〜橿原線〜（乗換）大和八木駅〜大阪線 | ➤ 室生口大野駅 | 1時間10分
910円 |

| JR奈良駅 | JR万葉まほろば線　桜井駅（乗換え）　近鉄大阪線
※ほぼ30分に1本 | ➤ 室生口大野駅 | 1時間
760円 |

山の辺の道（天理・桜井）へ

| 近鉄奈良駅 | 奈良線〜（乗換）大和西大寺駅〜橿原線〜天理線 | ➤ 天理駅 | 35分
490円 |

| JR奈良駅 | JR万葉まほろば線
※ほぼ30分に1本 | ➤ 天理駅 | 15分
210円 |

| 近鉄奈良駅 | 奈良線〜（乗換）大和西大寺駅〜橿原線〜（乗換）大和八木駅〜大阪線 | ➤ 桜井駅 | 50分
590円 |

| JR奈良駅 | JR万葉まほろば線
※ほぼ30分に1本 | ➤ 桜井駅 | 30分
330円 |

飛鳥・吉野（橿原神宮前・吉野）へ

| 近鉄奈良駅 | 奈良線〜（乗換）大和西大寺駅〜橿原線 | ➤ 橿原神宮前駅 | 45分
590円 |

| 近鉄奈良駅 | 奈良線〜（乗換）大和西大寺駅〜橿原線「特急」〜（乗換）橿原神宮前駅〜吉野線「特急」 | ➤ 吉野駅 | 1時間40分
1950円
（特急料金含む） |

◉奈良・大和路観光の強い味方！ トクトクきっぷを活用しよう！

●奈良世界遺産フリーきっぷ ✿

名古屋や大阪・京都などからの近鉄線往復乗車券に、指定エリア内の近鉄線と奈良交通バスに乗り降り自由の乗車券をセット。観光施設やレンタサイクルなどの割引特典もある。

奈良・斑鳩コース（1日間有効）
- ●大阪難波駅〜鶴橋駅の各駅から ‥‥‥‥‥‥‥ 1800円
- ●京都駅から ‥‥‥‥‥‥‥‥‥‥‥‥‥‥‥‥‥ 1800円

奈良・斑鳩コース（2日間有効）
- ●大阪難波駅から ‥‥‥‥‥‥‥‥‥‥‥‥‥‥ 2370円
- ●京都駅から ‥‥‥‥‥‥‥‥‥‥‥‥‥‥‥‥‥ 2370円
- ●近鉄名古屋駅から ‥‥‥‥‥‥‥‥‥‥‥‥‥ 5420円

奈良・斑鳩・吉野コース（3日間有効）
- ●大阪難波駅から ‥‥‥‥‥‥‥‥‥‥‥‥‥‥ 3530円
- ●京都駅から ‥‥‥‥‥‥‥‥‥‥‥‥‥‥‥‥‥ 3530円
- ●近鉄名古屋駅から ‥‥‥‥‥‥‥‥‥‥‥‥‥ 5900円

●奈良・斑鳩1dayチケット ✿

近鉄線の指定区間（大阪難波駅・長田駅〜近鉄奈良駅、京都駅〜筒井駅）と奈良交通バスの奈良・斑鳩地域が1日乗り降り自由。

- ●京都市営地下鉄沿線から ‥‥‥‥‥‥‥‥‥ 2200円
- ●大阪メトロ沿線から ‥‥‥‥‥‥‥‥‥‥‥ 2200円
- ●京阪沿線から ‥‥‥‥‥‥‥‥‥‥‥‥‥‥ 2200円
- ●阪神沿線から ‥‥‥‥‥‥‥‥‥‥‥‥‥‥ 2100円
- ●阪急沿線から ‥‥‥‥‥‥‥‥‥‥‥‥‥‥ 2450円

✿ 近鉄特急に乗車の場合は別に特急券が必要

●古代ロマン 飛鳥 日帰りきっぷ ✿

出発駅からの往復乗車券と、明日香周辺の指定エリア内の近鉄線（桜井駅〜大和八木駅〜橿原神宮前駅〜壺阪山駅）が乗り降り自由。さらに、「飛鳥エリアの奈良交通バス片道乗車券」、「レンタサイクル200円割引券」、「エリア内の施設などで使える100円割引券」から2つを選択利用できるチケットが付く。

- ●近鉄沿線（大阪方面）から ‥‥‥‥‥‥‥‥ 1750円
- ●近鉄沿線（京都方面）から ‥‥‥‥‥‥‥‥ 2350円
- ●阪神沿線から ‥‥‥‥‥‥‥‥‥‥‥‥‥‥ 2050円

●奈良交通バス フリー乗車券

奈良交通バスが指定エリア内で1日乗り降り自由。エリアや有効期間別に4種類あり、ねだんは下表のとおり。奈良交通の案内所などで販売しているが、バス車内では販売していないので注意を。

奈良交通
- ●奈良公園・西の京 世界遺産1-Day Pass ‥‥‥‥ 600円
- ●奈良公園・西の京・法隆寺 世界遺産1-Day Pass Wide ‥1100円
- ●奈良・大和路 2-Day Pass ‥‥‥‥‥‥‥‥‥ 1650円

かめバス
- ●明日香周遊バス1日フリー乗車券 ‥‥‥‥‥‥ 750円

ぐるっとバスルートマップ 🚌

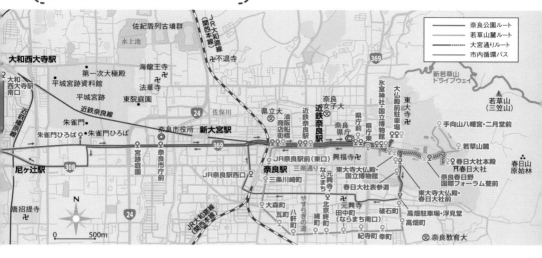

凡例:
- 奈良公園ルート
- 若草山麓ルート
- 大宮通りルート
- 市内循環バス

（地図中の地名）
佐紀盾列古墳群、水上池、関西本線、JR大和路線、不退寺、新若草山ドライブウェイ、若草山（三笠山）、大和西大寺駅、第一次大極殿、海龍王寺、法華寺、平城宮跡資料館、平城宮跡、東院庭園、近鉄奈良線、氷室神社・国立博物館、大仏殿前駐車場、東大寺、手向山八幡宮・二月堂前、若草山麓、大和西大寺駅南口、朱雀門、県立大、奈良女子大、近鉄奈良駅、県庁前、県庁東、近鉄橿原線、朱雀門ひろば、朱雀門ひろば、奈良市役所、新大宮駅、油阪船橋商店街、近鉄奈良駅、奈良県庁、春日大社本殿、春日大社、春日山原始林、尼ヶ辻駅、宮跡庭園、奈良市庁前、奈良県、奈良県庁、奈良春日野国際フォーラム甍前、JR奈良駅前（東口）、興福寺、東大寺大仏殿・国立博物館、東大寺大仏殿・春日大社前、JR奈良駅西口、奈良駅、三条通り、三条川崎町、元興寺、春日大社表参道、大安寺、唐招提寺、大森町、八軒町、やすらぎの道、北京終町、田中町（ならまち南口）、元興寺、破石町、高畑駐車場・浮見堂、高畑町、紀寺町 幸町、奈良教育大

佐保川、奈良市役所、県庁前

N　0　500m

2. バスでまわる

奈良公園や春日大社などは近鉄奈良駅・JR奈良駅から徒歩30～40分ほどの距離だが、市内の名所・観光地を効率よく回るにはバス利用がおすすめ。奈良交通、エヌシーバスが観光エリアをカバーしている。ただし、郊外エリアは便数が多くないのであらかじめ路線やダイヤを確認しておこう。周遊に便利なフリー乗車券（P.164参照）は、JR奈良駅前・近鉄奈良駅前などにある奈良交通バスチケット売り場などで買うことができる。

●市内循環バス
奈良市内の名所、観光地を、JR奈良駅（東口）～近鉄奈良駅～東大寺大仏殿・春日大社前（国立博物館）～田中町（ならまち南口）～ JR奈良駅（東口）を一周30分ほどで結ぶ循環バス。15分ごとに運行している。

●ぐるっとバス（上図参照）
奈良公園周辺や平城宮跡の観光に便利な周遊バスが3系統運行されている。奈良交通バスの「1Day- Pass」や近鉄の「奈良世界遺産フリーきっぷ」などでも利用できる。1回乗車は100円。

奈良公園ルート
大仏殿前駐車場9時25分発から17時10分発まで15分間隔で、土・日曜、祝日と指定日に運行。

若草山麓ルート
大仏殿前駐車場10時20分発から16時35分発まで15分間隔で、土・日曜、祝日と指定日に運行。

大宮通ルート
大和西大寺駅南口9時12分発から16時42分発まで30分間隔で毎日運行（土・日曜、祝日は15分間隔の運行。指定日は大和西大寺駅南口～大仏殿前駐車場間の往復運行）。
【問合せ】奈良交通（お客様サービスセンター）
☎0742-20-3100（8:30～19:00）

●奈良・西の京・斑鳩回遊ライン
メイン観光地を巡るのに便利な奈良交通の97・98系統バス。春日大社を起点に、東大寺→近鉄・JR奈良駅→唐招提寺→薬師寺→法隆寺という主要スポットを結ぶ。薄紫色ベースのラッピングバスで運行。

●明日香周遊バス（赤かめ）
明日香村が運営するコミュニティバス。近鉄の橿原神宮前駅と飛鳥駅を起点に、明日香の観光スポットを巡る。車体正面についている赤い「かめバス（周遊）」マークが目印。

3. レンタサイクルでまわる

田園地帯や町なかに点在する社寺・史跡巡りにはレンタサイクルも便利。奈良、大和西大寺、西ノ京、飛鳥などの各駅周辺にレンタサイクル店がある。

近鉄奈良駅	奈良レンタサイクル	☎0742-24-8111
大和西大寺駅	ナコーレンタサイクル	☎0742-44-8388
西ノ京駅	ナコーレンタサイクル	☎0742-36-8198
飛鳥駅	明日香レンタサイクル	☎0744-54-3919

※その他、奈良県自転車利用総合案内サイト（http://nara-cycling.com/）で奈良県がサポートするレンタサイクルおよび一般のレンタサイクルについての詳細情報が得られる。

4. 観光タクシーでまわる

奈良公園周辺や法隆寺・西ノ京など方面別にモデルコース（3～6時間程度）があり、予約も簡単。
奈良公園めぐり（3時間）で普通車1万6800円～。
【問合せ】奈良近鉄タクシー
☎0742-61-1181（9:00～17:00）

6 佐保・佐紀路 P46

P51 佐紀盾列古墳群

遺構展示館 P50

第一次大極殿 P49

第二次大極殿跡 P50

平城宮跡 P48

朱雀門 P49

海龍王寺 P51

法華寺 P51

東院庭園 P50

不退寺 P50

大和西大寺駅

西大寺 P59

菅原天満宮 P59

喜光寺 P58

垂仁天皇陵 P58

8 西ノ京② P56

鑑真和上御廟 P55

唐招提寺 P55

7 西ノ京① P52

玄奘三蔵院伽藍 P54

薬師寺 P54

奈良市役所

奈良市

新大宮駅

三条栄町

D

44
鴻ノ池運動公園
鴻ノ池球場
陸上競技場
⊗中央体育館
若草中⊗
今在家

E

(旧)奈良少年刑務所
般若寺
369
三笠温泉郷
奈良奥山ドライブウェイ

F

円成寺・柳生へ

①

▲342
若草山
(三笠山)

佐保小⊗
⊗奈良育英高・中・小
104
⊗県立大学
奈良女子大
火
369
油阪
開化天皇陵
近鉄奈良駅
高天
奈良駅前
奈良駅
総合観光案内所
本妙寺卍
伝香寺卍
椿井小
徳融寺卍
⊗
来迎寺卍
馬場町
大森町
⊗奈良署
火
中央署⊗
済美小⊗
春日中⊗
万葉まほろば線
(桜井線)
754
Ⓢザ・ビッグエクストラ
京終駅
⊗

鼓阪小⊗
正倉院
卍戒壇堂 P25
卍大仏殿 P26
東大寺福祉
療育病院⊗
県文化会館
裁判所
⊗
県美術館
奈良県庁
奈良公園
依水園
飛鳥園仏像写真興ギャラリー
県庁東
登大路
飛鳥園仏像復興フォーラム館
卍興福寺 P22
奈良国立博物館 P24
猿沢池 P31
中央図書館
卍元興寺 P40
福智院北
福智院町
⑤ならまち P38
今西家書院 P41
飛鳥小
卍十輪院 P41
紀寺
市立病院
⊗奈良町にぎわいの家 P40

卍東大寺 P25

卍南大門 P25

飛火野 P30

奈良春日野
国際フォーラム甍

春日大社本殿

高畑町
80

奈良女子大附属
中等教育学校
奈良教育大学
東紀寺三

卍法華堂(三月堂) P26
卍二月堂 P26

② 春日大社周辺 P28
④ 高畑 P34

②

卍春日大社 P29
春日山
(御蓋山)
▲297

卍夫婦大國社 P29

ささやきの小径 P36

卍新薬師寺 P37
写真美術館
飛鳥中
奈良学園セミナーハウス
志賀直哉旧居 P36

③

卍白毫寺 P37

① 奈良公園 P18

大安寺
122
三菱⊗
済美小⊗
754
東九条町

169

古市町南

神殿町
明治小⊗
41
帯解駅へ↓

D

41

天理ICへ↓

E

168-169
166-167
170-171
172-173

高円芸術高⊗
和楽園
奈良佐保短大⊗
護国神社

東市小⊗
平尾池

F

④

奈良公園・西ノ京

N
0   300m
1:25,000

生駒市

白庭台駅

A

真弓小
長弓寺
奈良北高

1

育英西高

二名小
二名中

鳥見小

富雄駅
富雄北小
近鉄奈良線

帝塚山大

2

生駒駅

阪奈道路

帝塚山学園

文雄小

富雄中

富雄第二小・中

近畿大

阪奈有料道路

東名阪自動車道

弘法大師堂

3

生駒市

金剛山寺
(矢田寺)

東明寺

光蓮寺

斑鳩町

奈良学園高

4

松尾寺

矢田南小

A

奈良学園
B

松伯美術館
大渕池

菖蒲上池

学園前駅
帝塚山学園
蛙股池

奈良市

大和文華館

武者

富雄南小

道の駅クロスウェイ
なかまち
(2024年度開業予定)

中町

西教寺
浄土寺

大和民俗公園
矢田小

奈良工業専

法蔵寺

史跡郡山城跡
P85

市総合公園

14 大和郡山 P82

郡山金魚資料館
P84

大和郡山市

慈光院
片桐西小

片桐小

B

極楽寺
平城西小

登美ヶ丘中

近畿大附小
西大寺北小

昌浦池駅
伏見中

奈良女子大文学部附小
富雄北小

蓬莱神社
P58

宝来

菅原

奈良県総合医療センター
国立奈良医療センター

永慶寺
P85

郡山東小

矢田口

斑鳩町

C

高の原駅

C

山田川駅

奈良大
奈良高
朱雀小
平城東中

東大寺学園

平城小
平城中
奈良大附属高

秋篠寺

大和西大寺駅

西大寺

鵄神社

尼ヶ辻駅
垂仁天皇陵

唐招提寺

西ノ京駅

薬師寺

近鉄橿原線

九条駅
奈良口

9

柏木町

奈良朱雀高

杏町

成務天皇陵

平城天皇陵

二条町

平城宮跡

二条大路南五
一条大路南

1

二条大路南五
三条大路五

308

9

春岳院 P84

北郡山

大和郡山市役所

郡山駅

近鉄郡山駅

洞泉寺
P84

下三橋町

郡山東中

杉町

C

D 山田川ICへ
木津駅へ
木津川へ
関西本線へ
山田川ICへ

木津
24
州見台小 文
木津南中 文
京都府
奈良県

E
44
一願不動(不動明王立像) P70
木津川市 わらい仏 P70
藪の中三尊磨崖仏 P71

F
岩船寺 卍 P70
岩船寺

⑪ 当尾 P68

梅谷口
44
元正天皇陵
元明天皇陵
369
佐保川
中ノ川
浄瑠璃寺 卍 P71
33

平城山駅
大和路線(関西本線)
磐之媛命陵
般若寺
般若寺

① 円成寺・柳生へ→

P166-167
③ 春日山・若草山ハイキング P32
若草山山頂展望台 P32

鴻ノ池運動公園
不退寺
法蓮仲町
興福院 卍
鶯塚古墳
奈良奥山ドライブウェイ
興福寺別院
一条高 文
法華寺 卍
奈良女子大 文
東大寺大仏殿
二月堂
若草山(三笠山)
② 鶯ノ滝

法華寺町東
奈良県立大 文
奈良県庁
県庁東
奈良公園
春日山遊歩道 P32
春日山原始林

新大宮駅
奈良市役所
369
近鉄奈良駅
奈良駅
興福寺
国立博物館
春日大社本殿
春日大社
花山
地獄谷石窟仏 P65
春日山石窟仏 P66

南円堂
春日山
奈良教育大 文
大森町
元興寺 卍
新薬師寺
白毫寺
福智院北
紀寺
東紀寺三
奈良市
首切り地蔵 P66
高円山

京終駅
大安寺
122
大安寺
高円芸術高 文
佐保短大 文
東山霊苑
80
岩井川ダム 岩井川

万葉まほろば線
桜井線
神殿町
護国神社
41
古市町南
文東市小
夕日観音 P67
168-169
166-167
170-171

南永井町
169
168
滝坂三体地蔵 P67
172-173

イオン
都南中 文
崇道天皇陵
正暦寺 卍

シャープ
帯解駅
下山町
帯解小 文
円照寺 卍

広大寺池
窪之庄南
精華学院
187
春日神社

大江町南
51
天理市
弘仁寺 卍

51
郡山ICへ
D
天理駅へ
天理ICへ
E
五ヶ谷川
天理ICへ
F

奈良・大和郡山
N 0 300m
1:55,000

169

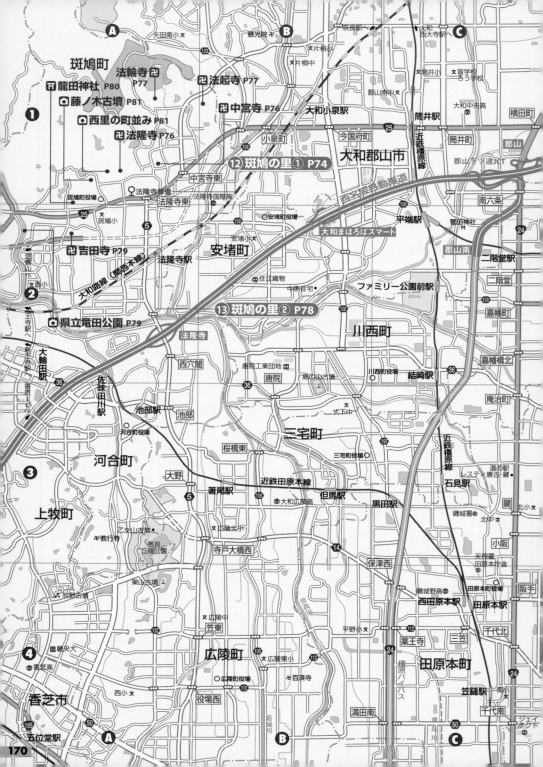

斑鳩町
法輪寺 P77
龍田神社 P80
藤ノ木古墳 P81
西里の町並み P81
法隆寺 P76

慈光院
片桐北
大和小泉駅
中宮寺 P76
法起寺 P77
矢田南小

12 斑鳩の里① P74

大和郡山市

奈良駅
大和西大寺駅へ
片桐北
郡山南中
文盲学校・ろう学校
学南小
大和中央高
横田町
筒井駅
郡山
郡山市消防JCT
南六条
近鉄橿原線

吉田寺 P79
斑鳩町役場
斑鳩小
法隆寺東
法隆寺参道
法隆寺国際高
中宮寺前
安堵町役場
安堵小
安堵町
法隆寺駅
大和路線（関西本線）

西小
大輪
平端駅
菅田神社
郡山南
二階堂駅
二階堂
嘉幡町
近鉄橿原線

13 斑鳩の里② P78

県立竜田公園 P79
住江織物
中家住宅
法隆寺
ファミリー公園前駅
川西町
嘉幡橋北
佐味田川駅
西穴闇
唐院工業団地
唐院
島の山古墳
川西町役場
結崎駅
式下中
庵治町
三宅町
桜橋東
池部駅
池部
河合町役場
三宅町役場
道の駅唐古・鍵
レスティ唐古・鍵
石見駅
鍵
磯城署
北中
小阪
河合町
大野
近鉄田原本線
但馬駅
黒田駅
天理署
田原本分庁
田原本町役場
阪手
上牧町
教行寺
乙女山古墳
馬見丘陵公園
箸尾駅
大和広陵高
磯城野高
北小
西田原本駅
田原本駅
牧野古墳
樂山古墳
寺戸大橋西
保津西
田原本町
千代北
広陵北小
広陵中
笠東
平群小
薬王寺
三笠
千代
香芝市
磯城央大
善芝高
広陵町
広陵東小
広陵町役場
百済寺
橿原バイパス
笠縫駅
千代南
西小
役場西
満田南
ジェイテク
五位堂駅

奈良へ
奈良駅へ
奈良へ

春日神社
地福寺

横田北

添上高

楔本駅

天理IC

石上市神社

シャープ
開発センター

白川溜池

弘仁寺

五ヶ谷川

五ヶ谷IC

奈良市

高瀬SA

名阪 国道

高瀬川

高瀬SA

16 山の辺の道① P90

近鉄天理線

前栽駅

天理駅

富堂町

田井庄町

布留北川

天理教会本部

川原城町

天理市役所

天理南

布留

天理大

なら歴史芸術文化村

道の駅なら歴史芸術文化村

親里競技場

天理ダム

石上神宮 P92

内山永久寺跡 P92

天理市

天理本通り商店街 P92

勾田町

浄福寺

夜都伎神社 P93

竹之内環濠集落 P93

17 山の辺の道② P94

三昧田

佐保庄

長柄駅

長柄運動公園

南川

南中

朝和小

藤井川

菅原神社

手白香皇女衾田陵

念仏寺 P96

柿本人麻呂歌碑 P96

長岳寺 P96

崇神天皇陵 P97

黒塚古墳展示館 P88

岸田川

長谷寺

柳本駅

柳本小

柳本

大和川

東小

万葉まほろば線（桜井線）

168-169
166-167
170-171
172-173

景行天皇陵 P97

珠城山古墳群

18 山の辺の道③ P98

巻向駅

巻野内

箸中

箸墓古墳 P88

桜井市

檜原神社 P100

桜井駅へ

三輪山 ▲

斑鳩・山の辺の道

N 0 300m
1:55,000

171

香芝市

広陵町

田原本町

A **B** **C**

五位堂駅
別所
1 JR五位堂駅
築山駅
鶯園陵墓参考地
文陵西小
和歌山線
大和高田駅
高田駅
三和町
大和高田市
市立病院
5
高田高
今里
2 尺土駅
高田市駅
三倉堂南
奈良文化亭
浮孔西小
浮孔駅
新庄北小文
大和新庄バイパス
新田小文
葛城市役所
近鉄新庄駅
白光田池東
大和新庄駅
文片塩中
東室
3 忍海北
シャープ
忍海駅
30

④ 今井町・藤原京 P126

旧米谷家住宅 P129

真菅駅

大和八木駅

今西家住宅 P130

曲川町東
イオン・
今井町の町並み P129
新堂
今井まちなみ交流センター 華甍
P130
文金橋小

本薬師寺跡 P131
畝傍山 P125

奈良県立橿原考古学研究所
附属博物館
P125

東坊城
橿原神宮西口駅

橿原市

橿原神宮 P124

橿原森林遊苑 P124

久米寺 P124

葛城市
近鉄御所駅
御所駅
近鉄御所線
御所中
御所IC
24
玉手
文披上小

御所市
御所幸町
蛇穴
秋津小文

玉手駅
御所実高

富田
309
118

② 橿原 P122

宣化天皇陵
橿原高
文新沢小

貝吹山

岩屋山古墳
飛鳥駅

② 飛鳥① P110

マルコ山古墳

斉明天皇陵

高取町
壺阪山駅
高取町役場

南取国際高
岡宮天皇陵

市尾古墳
市尾駅
169

下土佐

4

A **B** **C**

檜原神社 P100
三輪山 P108
巻向山▲

狭井神社 P100
大神神社 P101
平等寺 P101
金屋の石仏 P100

三輪そうめん
箸中
三輪駅
脇本
近鉄大阪線
長谷寺駅 室生口大野駅へ

転免許センター
文 耳成小
文 八木中
耳成山
耳成駅
文 耳成南小
文 大福小
大福駅
市民体育館
保健福祉センター
桜井市役所
桜井高
城島小文
慈恩寺北
大和朝倉駅
舒明天皇陵
鏡女王墓
石位寺

万葉まほろば線（桜井線）
香久山駅
阿部
桜井駅
茶臼山古墳
薬師町
外山
桜井市
鳥見山
天王山古墳
栗原川

おふさ観音 P130
藤原宮跡 P131
天香久山
農業研究開発センター
安倍文殊院
県立商高
文 桜井南小
文 安倍小
市昆虫館
聖林寺
崇峻天皇陵
福祉センター
善法寺

水落遺跡 P120
飛鳥資料館 P121
山田寺跡
飛鳥坐神社 P121
奥山
奈良県立万葉文化館 P108
飛鳥寺 P120
酒船石 P120
飛鳥宮跡 P119
甘樫丘 P120
亀石 P114
野口駐車場前
明日香村役場
岡寺 P119
万葉展望台
犬養万葉記念館 P115
石舞台
御破裂山
談山神社 P159

橘寺 P114
石舞台古墳 P115
㉒ 飛鳥② P116
川原寺 P114
天武・持統天皇陵 P113
高松塚古墳 P112
中尾山古墳
キトラ古墳
鬼の俎・鬼の雪隠 P113

威徳院
明日香村

168-169
166-167
170-171
172-173

飛鳥・藤原京

N
0 300m
1:55,000

INDEX
─索引─

■ ■ ■ みどころ ■ ■ ■

2024 年 9 月 15 日初版印刷
2024 年 10 月 1 日初版発行

編集人　柳原香奈
発行人　盛崎宏行
発行所　JTB パブリッシング
　　　　〒 135-8165　東京都江東区豊洲 5-6-36
　　　　豊洲プライムスクエア 11 階

編集・制作／情報メディア編集部
組版・印刷所／ TOPPAN クロレ
編集・取材スタッフ／ Mado.lab、木村嘉男
デザイン／ Design Cue inc.（土田伸路）
表紙デザイン／ Design Cue inc.（土田伸路）
表紙写真／奈良公園

写真協力／木村昭彦、佐藤佑樹、澤哉三、田村和成、藤井金治、前川敬、松浦未希、矢野建彦、山﨑晃治、明日香村教育委員会、斑鳩町観光協会、斑鳩町教育委員会、斑鳩文化財センター、一般財団法人公園財団飛鳥管理センター、一般財団法人公園財団平城宮跡管理センター、一般財団法人奈良県ビジターズビューロー、一般財団法人奈良の鹿愛護会、一般社団法人飛鳥観光協会、一般社団法人木津川市観光協会、宇陀市役所、橿原市役所、葛城市役所、環境省近畿地方環境事務所、近畿日本鉄道株式会社、公益財団法人古都飛鳥保存財団、公益財団法人美術院、五條市観光協会、御所市観光協会、桜井市教育委員会、桜井市立埋蔵文化財センター、桜井市役所、信貴山観光協会、水資源機構 室生ダム管理所、天理市教育委員会、天理市役所、奈良市観光協会、奈良県文化財課、奈良県立橿原考古学研究所附属博物館、奈良交通株式会社、奈良国立博物館、奈良文化財研究所、吉野山観光協会、采女祭保存会、薪御能保存会、関係各社寺・施設、飛鳥園、アフロ、アマナイメージズ、ピクスタ、楽園

地図／マイナビ出版、ジェイ・マップ、千秋社

イラスト／石村トモコ

・本書に掲載した地図の作成に当たっては、国土地理院発行の 20 万分の 1 地勢図、5 万分の 1 地形図、数値地図 25000（空間データ基盤）、数値地図 2500（空間データ基盤）を使用しています。
・本書掲載のデータは 2024 年 7 月末日現在のものです。発行後に、料金、営業時間、定休日、メニュー等の営業内容が変更になることや、臨時休業等で利用できない場合があります。また、各種データを含めた掲載内容の正確性には万全を期しておりますが、おでかけの際には電話等で事前に確認・予約されることをお勧めいたします。なお、本書に掲載された内容による損害等は、弊社では補償いたしかねますので、予めご了承くださいますようお願いいたします。
・本書掲載の料金は、原則として取材時点で確認した消費税込みの料金です。また、入園料などは、特記のないものは大人料金です。ただし各種料金は変更されることがありますので、ご利用の際はご注意ください。
・定休日は、原則として年末年始・お盆休み・ゴールデンウィーク・臨時休業を省略しています。
・本書掲載の利用時間は、特記以外原則として開店(館)〜閉店(館)です。オーダーストップや入店(館)時間は、通常閉店(館)時刻の 30 分〜 1 時間前ですのでご注意ください。
・本書掲載の交通表記における所要時間はあくまでも目安ですのでご注意ください。

244582　803933
ISBN978-4-533-16052-3 C2026
©JTB Publishing 2024

おでかけ情報満載　https://rurubu.jp/andmore

編集内容や、商品の乱丁・落丁のお問合せはこちら

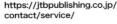

https://jtbpublishing.co.jp/contact/service/